印 顺 法 师 佛 学 著 作 系 列

我之宗教观

释印顺 著

中华书局

图书在版编目(CIP)数据

我之宗教观/释印顺著. —北京:中华书局,2011.10(2022.11重印)

(印顺法师佛学著作系列)

ISBN 978-7-101-08061-2

Ⅰ.我… Ⅱ.释… Ⅲ.佛教-文集 Ⅳ.B948-53

中国版本图书馆 CIP 数据核字(2011)第 125761 号

经台湾财团法人印顺文教基金会授权出版

书　　　名	我之宗教观	
著　　　者	释印顺	
丛 书 名	印顺法师佛学著作系列	
责任编辑	陈　平	
责任印制	管　斌	
出版发行	中华书局	
	(北京市丰台区太平桥西里 38 号　100073)	
	http://www.zhbc.com.cn	
	E-mail:zhbc@zhbc.com.cn	
印　　　刷	三河市宏盛印务有限公司	
版　　　次	2011 年 10 月第 1 版	
	2022 年 11 月第 5 次印刷	
规　　　格	开本/880×1230 毫米　1/32	
	印张 4⅛　插页 2　字数 81 千字	
印　　　数	5901-7400 册	
国际书号	ISBN 978-7-101-08061-2	
定　　　价	24.00 元	

"印顺法师佛学著作系列"出版说明

释印顺（1906—2005），当代佛学泰斗，博通三藏，著述宏富，对印度佛教、中国佛教的经典、制度、历史和思想作了全面深入的梳理、辨析与阐释，取得了一系列重要学术成果，成为汉语佛学研究的杰出典范。同时，他继承和发展了太虚法师的人生佛教思想，建立起自成一家之言的人间佛教思想体系，对二十世纪中叶以来汉传佛教的走向产生了深刻影响，受到佛教界和学术界的的高度重视。

经台湾印顺文教基金会授权，我局于 2009 年出版《印顺法师佛学著作全集》(23 卷)，系统、全面地介绍了印顺法师的佛学研究成果和思想，受到学术界、佛教界的广泛欢迎。应读者要求，我局今推出"印顺法师佛学著作系列"，将印顺法师的佛学著作以单行本的形式逐一出版，以满足不同领域读者的研究和阅读需要。为方便学界引用，《全集》和"系列"所收各书页码完全一致。

"印顺法师佛学著作系列"的编辑出版以印顺文教基金会提供的台湾正闻出版社出版的印顺法师著作为底本，改繁体竖排为简体横排。以下就编辑原则、修订内容,以及与正闻版的区别等问题,略作说明。

编辑原则

编辑工作以尊重原著为第一原则,在此基础上作必要的编辑加工,以符合大陆的出版规范。

修订内容

由于原作是历年陆续出版的,各书编辑体例、编辑规范不一。我们对此作了适度统一,并订正了原版存在的一些疏漏讹误,主要包括以下几项:

1. 原书讹误的订正:

正闻版的一些疏漏之处,如引文、纪年换算、人名、书名等,本版经仔细核查后予以改正。

2. 标点符号的订正:

正闻版的标点符号使用不合大陆出版规范处甚多,本版作了较大幅度的订正。特别是正闻版对于各书中出现的经名、品名、书名、篇名,或以书名号标注,或以引号标注,或未加标注;本版则对书中出现的经名(有的书包括品名)、书名、篇名均以书名号标示,以方便读者。

3. 梵巴文词汇的删削订正:

正闻版各册(特别是专书部分)大都在人名、地名、名相术语后一再重复标出梵文或巴利文原文,不合同类学术著作惯例,且影响流畅阅读。本版对梵巴文标注作了适度删削,同时根据《望月佛教大辞典》、平川彰《佛教汉梵大辞典》、荻原云来《梵和大辞典》等工具书,订正了原版的某些拼写错误。

4.原书注释中参见作者其他相关著作之处颇多,为方便读者查找核对,本版各书所有互相参见之处,均分别标出正闻版和本版两种页码。

5.原书中有极少数文字不符合大陆通行的表述方式,征得著作权人同意,在不改变文义的前提下,略作删改。

印顺法师佛学著作对汉语佛学研究有极为深广的影响,同时在国际佛学界的影响也日益突出。我们希望"印顺法师佛学著作系列"的出版,有助于推进我国的佛教学以及相关学科的研究。

中华书局编辑部

二〇一一年三月

目　　录

一　我之宗教观

我是佛教徒。"我之宗教观",是以佛教的见地来看宗教,看宗教的价值,看宗教的浅深不同。

从世界史去看,没有一个民族没有宗教信仰;从古代到现在,也没有一个时代没有宗教。如宗教没有深刻的充足的根据,与人类生活没有密切的关系,宗教是决不会如此普遍而悠久的。宗教在人类社会中,有着重要的地位。这决不是那些反宗教者所能打倒,也不是非宗教分子所可以漠视。宗教于人类的正常生活,可说是不可分离的。人类的宗教信仰,决不是闲家计。不要听到宗教就以为是迷信,大家应以谅解的同情去了解它,或者进一步地去接受它。

一　宗教之意义——自证·化他

一般反宗教者与非宗教者,以为宗教是迷信,是人类愚昧的幻想。但在我看来,宗教是人类的文明根源,是人类知识发展以后所流出,可说是人类智慧的产物。一般动物——鸟兽虫鱼,它们缺乏高度的明确意识、丰富的想像,也就不会有宗教。唯有人类,由于知识的开发增长,从低级而进向高级;宗教也就发展起来,从低级而不圆满的,渐达高尚圆满的地步。这种从浅而深,由低级而高级,与一般文化及政治的进展,都表示着平行的关系。如政治,从酋长制的部落时代,到君主制的帝国时代,再进到民主制的共和时代。宗教也是从多神的宗教,进步为一神的宗教,再进展为无神的宗教。古代与现代遗剩的低级宗教,不免有迷妄与错误,但不能因此而否定宗教。正像不能因某种政制的不够理想,而就取消政治。

宗教是依人类知识的渐次提高而渐次改善与提高的,所以我们应信受高尚的宗教。佛教为人类最高智慧所成立,佛是一切智者。在一切宗教中,像明月在星群中一样。在过去,佛教为了适应部分的众生,有许多不了义的方便,但这无损于佛教的真义。"正直舍方便,但说无上道",本是佛教应有的精神。总之,一切宗教都是有助于人类的,于人类有过伟大的贡献。一切宗教都应以同情的眼光去了解它,何况现代存在的高尚而伟大的宗教!

近代的宗教一词,由 Religion 译义而来。西方学者,依着他们所熟悉的宗教,给予种种的解说。现在,我依佛法的定义来解说。

宗(证)与教,出于《楞伽经》等,意义是不同的。宗,指一种非常识的特殊经验;由于这种经验是非一般的,所以有的称之为神秘经验。教,是把自己所有的特殊经验,用语言文字表达出来,使他人了解、信受、奉行。如释迦牟尼佛在菩提树下的证悟,名为宗;佛因教化众生而说法,名为教。我们如依佛所说的教去实行，也能达到佛那样的证入（宗）。所以，宗是直觉的特殊经验，教是用文字表达的。依此，凡重于了解的，称为教；重于行证的，名为宗。这样的宗教定义，不但合于佛教，其他的宗教也可以符合。即如低级的宗教，信仰幽灵鬼神。这种幽灵鬼神的信仰，其初也是根源于所有的特殊经验而来。又如犹太教、基督教所信仰的耶和华，也是由于古代先知及耶稣的特殊经验而来。基督徒在恳切地祈祷时，每有超常识的神秘经验，以为见上帝或得圣灵等，这就等于是宗。加以说明宣传，使人信受，就是教。凡是宗教，都有此二义。反宗教及自以为非宗教者，不能信解宗教的特殊经验，以为只是胡说乱道，捏造欺人；或者是神经失常，幻觉错觉。不知道，宗教决不是捏造的、假设的。心灵活动的超过常人，起着进步的变化，又有何妨？宗教徒的特殊经验，说神说鬼，可能有些是不尽然的，然不能因此而看作都是欺骗。各教的教主，以及著名的宗教师，对于自己所体验所宣扬的，都毫无疑惑，有着绝对的自信。在宗教领域中，虽形形色色不同，但所信所说的，都应看作宗教界的真实。即使有与事实不合的，也是增上慢——自以为如此，而不是妄语。如基督徒的见到耶稣，见到上帝，或上帝赐予圣灵等，他们大都是恳切而虔诚的。如佛教徒的悟证，以及禅定的境界，见到佛菩萨的慈光接引等，都是以真切的信愿，经如法修持得来。这在宗教徒内心，是怎样的纯洁而真实，决非有意的谎言（以宗教为生活的，当然有欺谎的报道）。唯物论者、断灭论者，于宗教缺乏信解的同情，以为决无此事。或者如古人说："圣人以神道设教而民从之。"古代确有利用宗教，作为利用人民、统治人民的事实，然如以为宗教就是这些圣人造出来的,那是太错误了!

二　宗教之本质——人类意欲的表现

　　一般以为,世间的宗教,虽信仰不同,仪式与作法不同,但简括地说,宗教不外乎神与人的关系。例如一神教,以为神或上帝,对于我们是怎样的慈爱,我们应怎样的信仰他,才能得到神的救拔。然而这样的宗教形式与内容,不能赅括一切宗教。依佛法说,宗教的本质,宗教的真实内容,并不是神与人的关系。宗教是人类自己,是人类在环境中,表现着自己的意欲。宗教表现了人类自己最深刻的意欲,可说是显示着人类自己的真面目。然而这幅人类自己的造像,由于社会意识的影响,自己知识的不充分,多少是走了样的。在人类从来不曾离开愚蒙的知识中,将自己表现得漫画式的;虽不是写生的、摄影的,看来却是再像不过!

　　宗教是人类自己的意欲表现;意欲是表现于欲求的对象上,经自己意欲的塑刻而神化。如在多神教中,对于雨,人类或希望它适时下雨,或希望它不要淫雨,但对雨都起着力的、神妙的直感。于是乎从雨是有意欲的,活生生的像自己;进展到有神在主宰雨。一切自然现象、社会现象,都如此。不但依照自己意欲,而且依据(人类的集合)社会形态,而山、水、城、乡的神世界,逐渐地开展出来。

　　人类从无始以来,在环境的活动中,一向向外驰求。所以起初的意欲表现,都表现在外物,而不曾能表现自己,也就不曾能清晰地表现自己。还有，天真的儿童，知识不曾发达，等到长大了，社会影响下的世故也深了。在社会中，有不能不隐蔽自己的苦衷，覆藏自己的真意，覆藏自己的错误，覆藏自己的罪恶。久而久之，真的连自己也误会自己了！这在高尚的宗教中，才着重自己，清晰地将自己表现出来。人类在宗教中，吐露了自己的黑暗面——佛教称之为烦恼、业，基督教等称之为罪恶；而自己希望开展的光明面，也明确地表达出来。高尚宗教所皈依、所崇信的对象，不外是"永恒的存在"、"完满的福乐"、"绝对的自由"、"无瑕疵的纯洁"。这在基督教信仰的上帝，即说是无始无终的永恒、绝对自由、完善的福乐、圆满而圣洁的。在佛教中，佛也是常住的、妙乐的、自由自在的、究竟清净的。可以说，凡是高级的宗教，都一致地崇信那样的理想。这究竟圆满的理想，如佛陀，又是最高智慧的成就者，有广大而深彻的慈悲、勇猛的无畏，这都是人类希望自己能得到的。人，决不甘心于死了完了；永远的存在，而且存在得安乐与自由、智慧与慈悲。人类有达成此圆满究竟的意欲，即以此为崇仰的对象，而希望自己以此理想为目标而求其实现。总之，宗教所皈信崇仰的，是人类自己意欲的共同倾向。这种意欲的自然流露从何而来，这里姑且不谈。而人类有这种意欲，却是千真万确的。在人类的知识不充分时，倾向于外界时，意欲的表现也不完全，也表现于自然界。知识越进步，越是意识到宗教即是人类自己，意欲的表现越完全，也表现于人类自身。所以宗教的形态尽管不同，而一切宗教的本质，却并无两样。一切都不外人类自己，人类在环境中表现着自己的意欲。

在这里，可以指出神教与佛教的不同点。一般神教，都崇信人类以外的神。在一神教中,以为神是这个世界命运的安排者,人类的创造者——神照着自己的样子造人。但在佛教中,以为崇信、皈依的佛(声闻等),是由人的精进修学而证得最高的境地者。以此来看宗教所皈信的,并不是离人以外的神,神只是人类自己的客观化(表现于环境中)。人类小我的扩大,影射到外界,想像为宇宙的大我,即成唯一的神。因此,人像神,不是神造人,而是人类自己照着自己的样子,理想化、完善化,而想像完成的。佛教有这样的话:"众生为佛心中之众生,诸佛乃众生心中之诸佛。"众生——人信仰皈依于佛,是众生自己心中所要求实现的自己。所以佛弟子皈依佛、皈依僧,却要"自依止",依自己的修学去实现完善的自己。

佛是人类修证而圆成的,然我们——人类所知道的,还是要经人类知识的再表现。经上说,佛陀"随类现身",是为怎样的众生现怎样的身相。人类从自己去认识佛,这是真实的。如日本人造佛像,每留有日本式的髭须。缅甸的佛像,人中短,活像缅甸人。而我国的造像,如弥勒的雍容肥硕,恰是我国人的理想型。观音菩萨为一般女众所信仰时,逐渐地现出柔和慈忍的女相来。所以佛随众生心的不同,而有不同的应现。佛说法也如此:"佛以一音演说法,众生随类各得解。"随各人所要听的,随各人的兴趣、知识不同,对于佛的教法起着不同的了解。

宗教是人类自己的意欲表现于环境中。不平等而要求平等,不自由而希望自由,不常而希望永恒,不满愚痴而要求智慧,不满残酷而要求慈悲。当前的世界,断灭论流行,不平等、不自由,到处充满了愚痴与残酷,该是宗教精神高度发扬的时节了。

人类都有此愿欲，而唯有在宗教中才充分地、明确地表达出来。不但佛教，如实地认识自己，认识自己的宗教归仰，而努力于自己的实现，一般宗教，特别是高尚的宗教，梵教、耶教、回教等，也都能表达出崇高的理想，辉煌的神格，由摄导人类自己，向这一目标去努力！

三 宗教之特性——顺从·超脱

宗教，是人类在环境中表达自己的意欲，表达自己的意欲于环境中，所以宗教有两个特性：一、顺从；二、超脱。西洋的宗教偏重于顺从，他们的宗教一词，有约制的意思，即宗教是接受外来某种力量——神力的制约，而不能不顺从它，应该信顺它。但单是接受制约是不够的；依佛法说，应该着重于超脱的意思。

人类在环境中，感觉外在的力量异常强大。自己觉得对它毫无办法，非服从它不可。如自然界的台风、豪雨、地震、海啸，以及大旱、久雨等。还有寒来暑往，日起月落，也非人力所能改变，深刻地影响人类。此外，社会的关系——社会法制，人事牵缠，以及贫富寿夭，都是不能轻易改变的。还有自己的身心，也使自己作不得主。如失眠，愈想合眼而愈是睡不着。性情暴躁，才赌咒发誓地要立志改过，可是话才说完，又会照旧发作起来。这种约制我们、影响我们的力量，是宗教的主要来源，引起人类的信顺。信赖神力——山神、水神、风神、五谷之神，……乃至战争的胜败，也觉得有神力在那里左右着。这些控制或操纵自然与社会的力量，似乎非顺从它不可。顺从，可以得神的庇佑而安乐,否则会招来祸殃。或信仰命运之神的安排。所以一般的宗教,每以信顺为根本的。专重在顺从,会觉得自己渺小而无用;然而自己却决不愿如此。所以顺从虽是宗教的一大特性,而宗教的真实,却是趣向解脱:是将那拘缚自己,不得不顺从的力量,设法去超脱它,实现自由。

超脱外来束缚的宗教特性,就是神教,极端信仰顺从的神教,也还是如此。对于自然界、社会界,或者自己身心的障碍困难,或祈求神的宽宥,祈求神的庇护、援助;或祈求另一大力者,折伏造成障碍苦难的神力。或者以种种物件,种种咒术,种种仪式,种种祭祀,求得一大力者的干涉、保护,或增加自己的力量。或者索性控制那捣乱的力量,或者利用那力量。这一切,无非为了达成解除苦难、打开束缚,而得超脱自由的目的。在现在看来,神教的向外崇拜,多少是可疑了。因为人类知力的进步,对于自然界的威力,自然界的性质,已逐渐从自然本身的理解中,加以控制、改善、利用。社会界的动乱、障碍、不平等、不自由,也逐渐从政治组织、经济制度等,加以调整。还不能完全达成目的,这是知识的不充分,人类自己的问题没有解决,而决非宰制自然与社会的神力问题了。人类自己身心的不自在,一切病态的魔力,在高尚的神教中,也在信神的前提下,注意到人类自身的净化、革新。特别是佛教,释尊提供"古仙人之道",以完善的方法消除自己身心的障碍,而达到彻底的超脱。总之,宗教虽有二大特性,而最后的真实的目的,不外彻底破除束缚,获得究竟的超脱。

宗教的特性,在乎从信顺中趣向超脱。神教,大抵信顺神力

（祭祀力、咒力等），企图在合于神的意旨中，得到神的喜悦、救济，实现某一目标，或彻底的超脱。佛教，信顺佛、法、僧。信佛信僧，实为希圣希贤的景仰，顺从已得超脱者的指导；而信法，是真理与道德的顺从、契合。佛教是以佛僧为模范、为导师；而从真理的解了体验，道德的实践中，完成自己的究竟解脱。所以，唯有佛教，才是彻底地把握宗教的本质，而使它实现出来。其他的宗教，都是或多或少的，朦胧地向着这一目标前进。

由于宗教有此二大特性，虽一切宗教都具备这两者，而从重点来说，宗教可以分为二类：一、着重于顺从的，是他力宗教，如信神、信上帝、信梵天等。二、着重于超脱的，是自力宗教，如佛教等。大概地说，宗教中越是低级的，即越是他力的；越是高级的，自力的成分越多。

四　宗教的层次——多神·一神·梵我· 唯心·正觉

宗教的浅深次第，是不容易说得大家同意的。现在依据佛经——诸天世界建立的层次来说明。

最低级的宗教，要算是（幽灵、妖怪等）多神教了。在三界中，最低的天是四王天与忉利天（四王天以下，还有一些夜叉天）。这二天，可说是鬼神王国。忉利天主——帝释，近于道教所传说的玉皇；天女围绕，享受着物欲的幸福。帝释，有着战斗神的特性，手持金刚杵（从此以上，再没有战争。这个多神王国的叛乱者，名为阿修罗，住在海底），为多神王国的共主。四王天的分化一方,犹如四岳。他们所统摄的部属,遍布在人间,山、林、江、湖,是龙、夜叉、罗刹、犍达婆、紧那罗、迦楼罗、摩睺罗伽等,为首的都是大力的鬼王、畜王。龙与夜叉王等,统摄着一切的鬼灵、妖怪。忉利天王与四王天王虽比较高尚,而赅括一切天龙八部——神来说,都不是十全十美的。因为鬼神们,有时会发极大的嗔心,毁伤多数的众生,或者毁坏稼穑。贪欲——贪财、贪色——心也还非常强;忉利天王也还沉醉于金粉的乐欲中。这类天神,自我的贪欲极强(嗔是贪的反动)。

比多神教高一级的,应该是一神教。这在三界中,自兜率天以上,一直到初禅的大梵天。大梵天即世界的创造主。梵天说:这世界,世界的一切,以及人类,都是从他而有的。印度传说的创造神,近于希伯来传说中的耶和华。大梵天以下,有着政治形态的天国。到达大梵天,有一无二,名为“独梵”。所以在宗教中,这是唯一神教。大梵天(包括梵众、梵辅——天国中的臣民)是超欲界——超过属于情欲世界的。属于情欲世界的统治者,是他化自在天王——魔王,与基督教的撒旦相近。一神教比多神教的神格高尚得多。依佛法说:贪欲心极微薄(物欲与男女欲都没有了,所以说,要以心灵来崇拜它);嗔恚也没有了(神是完全的爱);但我慢却特别强,总以为自己最高:自己是常住不变,是无始无终,是究竟自在;是一切的创造者,一切的主宰者。由此神格的特点,凡是一神教,都充满了唯我独尊的排他性。佛经中说:一次,马胜尊者到大梵天去,大梵天正在宣扬他是常住、究竟安乐、人类之父等教说。大梵天见到马胜,怕尊者揭露他的真面目,就拉着尊者的手到僻静处,请他不要说破。这虽是传说,却说明了大梵天的不究竟。不但有着狂妄的自我慢,还有矫诳心呢!不过,我以为一神教有它的长处,它把多神教中秽恶、迷滥的毛病,一齐净除,而着重道德与善行,敬虔与纯洁,充满了无嗔的慈爱!

从大梵天向上,经二禅,三禅,到达四禅的色究竟天。这与初禅可总名为梵天(但初禅有政治形态,故别说)。这类天国,是西方所不大明了的。它不是一神,也不是多神,是无神的(有时也神格化,那是梵天的本地)。在宗教方面,可名为梵我教,因为这是自我的宗教,以恢复自我的自由、常住与妙乐之本性的。要完成这种自我解脱的目的,须修习禅定,发明"神我"的真智。这是没有政治形态的,纯为个己解脱的宗教,所以在人类的宗教信仰中,并不普遍,而是少数玄学者、本体论者的宗教。从禅定——瑜伽的实修中去解脱自我,依佛法说,这是一类专著自我(小我、大我)见的宗教。

此上还有四空处,这四天,是自心宗教。不但没有政治组织,而且还是离开物质世界,纯为安住于内心的静定。四天的次第,便是唯心观的次第。在一般宗教中,自心宗教是最高的。这一类的宗教学者,自以为是最究竟的超脱。然依佛法来看,这还是不出无明——痴的窟宅,还在虚妄的流转中。多神与一神是神教,在哲学中,是泛神论与唯神论。自我宗教,在哲学中是唯我论。自心宗教,在哲学中当然是唯心论。

上面所列的宗教层次——四类宗教,都不离自我的妄执,都是虚妄的,不彻底的。唯神、唯我、唯心,追根究原,只是同一内容——自性见(我见)的变形。佛教,是超越这印度的四类宗教而实现为正觉的宗教。西方缺少后二类(唯我与唯心宗教),所以对佛教的境界不容易理解,因为距离太远了。佛经中有《小空经》说明修行的过程,从人间起,一地一地、一界一界地超出,末后完全出离了三界。等到超出三界,经里告诉我们,还在人间,着衣,吃饭,教化众生。所以认真说来,佛教是否定了神教、我教、心教,否定了各式各样的天国,而实现为人间正觉的宗教。如以一般神意论的宗教眼光来看佛教,确是难以理解的。部分的西方人研究南传的佛教,觉得佛教是无神论,起初本不是宗教。哪里知道,宗教不一定要有神的。无神论的梵我教,自心教,佛教,还是一样的宗教。佛教是无神的宗教,是正觉的宗教,是自力的宗教,这不能以神教的观念来了解它。

五　宗教的类别——自然宗教·社会宗教·自我宗教

上说的宗教层次,也可说是宗教的类别。现在更从另一意义,分宗教为三类:一、自然宗教;二、社会宗教;三、自我宗教。

自然宗教,大体同于多神教,以自然现象、自然界的事物为信仰对象,而认为是神,或有神主宰这些事物。如日神,月神,雷神,风神,水神,火神,山神,地神,泉源之神……;牛神,猴神,蛇神……;花神,树神,谷神……;酒神,灶神等等。总之,以自然界的具体事物为信仰的,都可名为自然宗教。

社会宗教,如我国的祭祀祖先。祭祖,本为种族繁衍的意欲表现。一般人都希望儿女众多,家族繁衍;祖父儿孙的相续不绝,表现为祖先的崇拜。若说祭祖只是为了追念祖德,事实上决不但是如此的。古代社会,都有此种族繁衍的宗教,祭祖并不止是中国。古代,家里供有长燃的火,象征种族生命的延续;而祖先的祭祀,即在此举行火供。如弟兄分家,种族析居,即将此火分燃。祭祖与此家族火的祭供,完全是同源的。中国的祭祖教,是祭近不祭远的。一般家庭,只祭祀三代宗亲;更远,也不过七代。而犹太教、基督教的崇拜耶和华,论理也通于祭祖的宗教,不过他们是祭远不祭近的。他们崇拜的耶和华,是人类的父——老祖宗。天主教廷曾下令信天主教的不得祭祖宗,可是禁了又许,许了又禁,现在又准许信教的祭祖了。这只是为了减少我国民众的反对,便利推行宗教而已。依宗教说,这是矛盾的,不合理的。因为祖先崇拜所包含的宗教要求,是种族繁衍到永远。而我国一般的祀祖,大抵存有祈求祖先默佑的意义。

古代宗教,虽是多神的自然宗教,然都含有社会宗教的意义,因为古代的宗教都是氏族的宗教。耶和华"是以色列人的上帝",本是以色列的保护神,与外邦人无关。如日本的神教,我国古代的帝(上帝、炎帝等),印度的婆罗门教都是。从多神中演化出的大神,虽看作宇宙主,但还是一族的祖先。社会宗教的祖神,成为团集一族一国的巨大力量。所以社会宗教是极普遍的:家族的,国族的,一乡的,一邦的,一国的,全世界的,凡有家族或国家形态的神世界,都有此意义。不过中国式的祖先崇拜,最显著与自然、自我宗教不同而已。宗教进步到自我宗教时,必有伟大的宗教家出来创新,而使宗教成为全世界的。如印度有释迦,犹太有耶稣,阿拉伯有穆罕默德等。我国的墨子、孔子、老子等，政治的意味重，对宗教不能有伟大的贡献。等到创新以后，成为世界的宗教，虽依旧不离社会宗教（世界性的）的内容，而着重于自我的净化，自我的自由了。

自我宗教，人类是要求自我生命的永恒、福乐、平等、自由、智慧、慈悲的。耶教、回教、佛教、印度教中的吠檀多派等，都着重于自我的净化、完成，都属于此类。或称之为精神宗教，不一定恰当，因为在高级宗教中的人类意欲，不但是心灵的净化，而且还是自身的圆满。如佛教，不但是法身的悲智庄严，而还是色身的相好圆满。中国的道教，有性命双修的；佛教是定慧双修，而密宗更着重于天色身。精神与肉体的净化，都同等重视。佛教是无我的宗教，但缘起如幻的我，不但不否定，而且还依此以成立生命之流。自我，不但是心的，是心色的总和。所以称为自我宗教，赅括得更完备些。

自然宗教，为人类意欲表现于自然界的，显示了人类对于自然的态度。社会宗教，为人类意欲表现于社会界，显示了人类的社会性。自我宗教，为人类意欲表现于自己身心，而显示了怎样的倾向于身心净化，自我完成。自我宗教是最高的，如倾向于个人自由与唯心，会逐渐漠视社会的意义。色无色界的梵我教与自心教，明显地说明了此点。所以佛教的人间性，人间成佛，才从自我宗教的立场，含摄得社会宗教的特性。原始佛教的僧团组合，便是绝好的例证。由于佛教是无神论的，所以社会观是平等的、民主的、自由的。基督教为一神教，所以社会观——从天国及教廷制看来，宛然是君主的模样。我以为，英国式的君主立宪，最能反映一神教的社会意义。

六　宗教之价值——强化自己·净化自己

宗教对于人类,究竟有什么价值? 价值当然不止一种,然宗教的真价值,在使人从信仰中,强化自己以胜过困难,净化自己以达成至善的境界。

他力的神教,以依赖他而强化自己为主。如希望丰收,田作好,于是祭社稷等;出海航行或捕鱼,要免除风浪,克服风浪的艰险,于是祭天后等;如有瘟疫而祭瘟神,有蝗灾而祭蝗神,久雨求晴,久旱求雨,以及求财富,求儿女,求夫妇和好,求战争胜利,都以为外有主管此事的神或宇宙大神,因祭祀、祈求而可以得到问题的解决。更有因信而治愈疾病,因信而得脱灾祸,都以为从宗教的神力中,获得支持,获得援助,使自己减少障碍,胜过困难。人类知识进步,知道并不全由于神的意思,神的力量,需要尽着人为的努力。于是祭祀的方法,斋戒沐浴等,都成为宗教内容,如祈祷而需要心地真诚等。等到知力更进步,才明了宗教的真意义,一切在乎自己。不但自求多福,就是某些外力的护助,也是自力(自善根熟,或自心诚切)的感召,必须经自己而表现出来。

宗教引发人类坚强自己的力量,异常强大。如身体有了疾病,家国有了危难,每能从信仰中,激发力量而渡过危险。古代的战争,每以宗教来鼓舞战士,所向无敌。又如人做了错事,犯了恶习,想改悔而不可能。因为自己每是怯弱的,因循的。如发起宗教信仰,即能坚强自己,不再受惰性的支配,不再受环境的牵制,竖起脊梁来重新做人。学佛的,在佛菩萨前发愿修学,无形中引发强化自己的力量。做不到的事,也顺利地完成了;不容易戒除的,也完全戒除了。这是宗教对于人类的一种重要贡献,即从顺从而来的力量。有人说,信仰宗教,自心得到安慰,这不过是自我陶醉而已,甚至恶意地把宗教看成鸦片。其实,宗教对于失望悲哀者,无论是名场、利场、情场,种种场所的失望者,给予安慰,给予创伤的恢复,使他坚强自己,现起了前途的光明,而从险难中渡入平安。这不是鸦片,而是维持生命的必要营养;在营养不良者,特别感到需要而已!

此外,宗教于人类,有净化自己的力量,这特别是自我宗教,着重于超脱的宗教。耶教说:人是有罪的,如觉得自己有罪而恳切悔改,在耶稣的血中,洗净了罪恶,得到重生。从此能去恶行善,爱人如己,一直到永生。佛教说:无始以来,众生所作的(善或)恶业非常多,所以常受生死的苦果。而业由烦恼而来,所以要从人的内心净除烦恼,把不正常的感情、意志、思想,统统地净化一番,从根纠正过来,这才能走向合理而光明的前途,逐渐地圆满而成贤成圣。若但是祈求、忏悔,不从自心去净化烦恼,那虽然薰沐在宗教的生活中,多少净除内心的秽染,而到底不能彻底,不能实现宗教的最高目的。宗教的信仰,引导我们走向光明的至善境界,即是不断地净化自己。凡是高尚的宗教,都重视这点,都有此作用,佛教不过更彻底而已。

一些世事顺利,生活丰乐,身体健康,而自以为满足的,对宗教不大热心,少能知道宗教的重要性。唯有经历了人间的苦难,理解世间的不自在,自己的缺陷太大,才能诚信宗教,于宗教中得新生命。耶稣说他自己是为拯救罪人而来,佛说是为了众生有老病死、贪嗔痴病而来。对于认识自己有缺陷者,对于失望悲哀者,宗教更能表现其力量。然从宗教本身说,谁不需要强化自己、净化自己呢? 反宗教者与非宗教者,只是失去了理性,打肿脸充胖子而已!

七　宗教理想之实现——永生·无生·新生

凡是高尚的宗教,无不以自由、平等、福乐、慈悲等为理想,而要求实现。要实现这些理想,有一根本而主要的,即"生"的实现。生是生存,世间的一切希望、福乐,都根源于生存,没有了生存,一切都不存在了。所以一切宗教所理想的,也着重在这根本论题。希望不是死了完了,而是生之永恒。道教说长生,耶教说永生,其他高尚宗教都以此永恒的生存为基本理想。基于生的永恒延续,而有自由、平等、福乐等,为人类意欲所表现的宗教理想——人生的最高理想。这一切,如世间而可以使人类满足、获得,那宗教就可以取消了,否则宗教会永远存在。有些人,想以哲学、美术来代替宗教。宗教不是暂时忘我或自我陶醉,这些哪里能代替得了! 科学无论怎样的进步,也不能满足、实现人类的最高理想。从人类意欲中,有意无意地流露此崇高理想,使人向往,而前进去实现的,是宗教的独特内容。所以决不可随便抹煞,或以为科学进步,宗教就会过时而用不着了。

在宗教中,有一看来似乎相反,而其实可通的问题。如道教说长生,耶教说永生,而佛教却说无生,一般人听到无生,就有些害怕,甚至误会佛教是反人生的,毁弃人生的。不知道泛泛地说永生,不见得就是理想的。耶教说,人死了有两条路:一是天国,一是地狱。生天国是永生,堕地狱何尝不是永生？不过是生于地狱,历受大火所焚烧,因而称为"永火"罢了！例如希望长寿,如真的活到一百岁以外,而没有儿女,没有资财,多病多痛,多灾多难,这样的长寿不死,才是活受罪呢！所以,永生(长寿的延长)虽是人类的共欲,而不一定是理想的。依佛法说:我们的生命,从来就是延续的、永久的,是不需要希求而必然如此的。可是我们永续的生命,有着本质上的缺陷障碍不自由。无始来的生命永续,包含着苦痛的必然性,一直在哭哭笑笑、忽苦忽乐的过程中,真是一种无可奈何的苦恼！这样的永续下去,决非我们所理想的。所以有此本质上的苦痛缺陷,根源于内心存在的错乱——无始无明;才起惑造业,招受苦果——生的延续。我们要得真自由、真平等、真福乐,必须对于现实的生存彻底革新一番,使自己的身心,起一种质的变化:从情识中心而转为智慧中心的,这才不会错乱下去,永远绕着造业受苦的老路子。因此佛教说无生,是比一般宗教更深一层的,是彻底否定那充满苦痛不自在的情本的杂染生;不是否定算数,是实现为无限安乐、自在的智本的清净生。我们平常说:"打得念头死,许汝法身活。"经上也说:"一切法不生,则般若生。"古代的大德们,都说要大死一番,才得大活自在。所以佛说无生,不是死了完了,是要在现实人生中,彻底地来一番自我革命,使自己实现为无限清净的"慧命"。这样的无生——新生,要在现前去实现,假使根基成熟的话;并非一切都寄托在死后的未来。

耶教也有此种情形，就是重生，重生才能得救，这不是一般的信仰就够了，必须深切地信仰，彻底地悔改，从祷告中引发内心的特殊经验，觉到受着神的恩典，完成了人格的改造。从此获得了新生，重生者才是将来天国的永生者。这种身心转变的自觉经验，佛教徒在受戒时、入定时、慧证时都可以引起，得着净化身心的经验。佛教的信行，就是从不断的新生中，从浅而深地完成最高的人生理想。现存的高尚的宗教，都是反省自己的，要实现自己身心净化的。残忍化而为慈悲，愚痴化而为智慧，懦怯化而为勇猛，矛盾与动乱化而为和谐安宁。要实现此一理想，耶、回、梵、佛教都是一样的，不过浅深偏圆不同而已。说永生，容易误会为现有生命的永续，或者变质为庸俗的功利的天国享乐者。说无生，又每被误解为毁弃人生。从宗教的真实意义来说，从现实生存的不断新生中，以进达究竟圆满，才是永生与无生的真意，也就是宗教最高理想的实现。

自我宗教不是别的，只是人类自己意欲的表现——自己的要求新生，虽有以为获得他力的加被、拯救，而实是自力自救，唯有自己才能救自己。学佛而不能了解这点，不过修集人天福德，说不上了生死，何况学菩萨成佛！如不能理解这点，专从仪式信条去着眼，以为宗教的举措充满迷信，浪费财物，或者说欺骗、幻想，那是最大的错误！在人类社会的发展中，宗教能不断地普遍，不断地成长，即由于宗教是人类智慧的产物，是人类理想的特殊表现。印度是文明早熟的国家，宗教界一向发展得极高，有梵我、唯心等高尚宗教，不再是仪式作法与神权所限了。释迦牟尼佛出生于二千五百年前的印度，由大彻大悟的自证，树立了伟大精深的佛教——正觉的宗教,一直提供了人类新生的最佳方法。对于宇宙人生的见解,从佛心正觉而流露出来的,到现在,永远是崭新而进步的——平等、民主与自由的,合情合理的。我从佛法来研究,认为佛法是宗教,但是宗教中的最高宗教,而不能以神教的眼光去看它。希望宗教同人,对宗教有确实的信解,从本身的充实净化做起。唯有人类自身的新生净化,才是宗教的真实意义;才能促成社会的真正进步,实现宇宙的庄严清净!

二 中国的宗教兴衰与儒家

　　中国的传统文化,过分着重于当前事实,所以宗教的情绪一向不够热烈,特别是在理学支配下的时代。

　　中国固有的民族宗教,如古典的《书》、《诗》、《礼》、《易》、《春秋》(诸子一分)等所传说的,是上层的王侯士大夫的宗教。诸子传说的一分,与《山海经》等所传说的,有着较迟的、民间的庶民宗教的成分。中国的宗教观,老早就适应于宗法制、父家长制、阶级制。祖宗的崇拜最为普遍,但着重于近亲的三代、七代,所以如创造神教——人类之父的思想,不能发达,而最高神只是帝王(天子——民族长子的意味)的宗教特权。天是象征宇宙的统一神;上帝是民族的祖先。由于民族的代兴,帝也就有赤帝、黄帝、白帝等。帝王以自己的祖宗,配天配上帝,使本有宇宙大神、民族祖神的神格,在祖宗的祭祀中冲淡了! 诸侯,依封地所在而祭名山大川。庶民不过祭祖宗、祭里社(土地庙)、祭灶等而已。"礼不下庶民";上层的宗教,也是庶民无分的。天神、地祇、人鬼,有着多神教的特色,而被组织化、层级化,织成秩然有序的神界,适应于政治的封建世界。我的故乡有谚语说:"风吹箬帽告诉天,天高皇帝远。"中国一般平民,对于政治与宗教上的帝王与天神,可望而不可及,关系确是那样的非常松弛。

中国宗教的又一特质,是世俗的,这因为停滞于自然宗教的缘故。以人间罪恶苦痛而求生天国;以世间为虚幻而寻求解脱:这种西方式与印度式的宗教,在中国不能发展成长。生天与自我解脱的宗教要求,在以自然哲学为基础的道家中,发展为神仙说,也还是充满人间现实乐的内容。天地人间,有着高尚宗教成分的神格,被局限为上层者的宗教。而民间信仰,祭祖、祭灶而外,始终为鬼教与巫教的领域。中国宗教的分化,就是政治上大人与小人的分化,劳心的治者与劳力的被治者的分化。宗教的精神,始终是世俗的、功利的(如宗教精神堕落,就是贿赂的)。然而,不管如何,中国古代到底是有宗教的。

从浑融的民族文化中,首先分化出而成为大宗的,是孔子所代表的儒家。儒,本是宗教师(如以主持婚丧礼节为职业,即是"小人之儒"),而倾向于现实的教育与政治。这虽是上层的(大人之学),但促进中国文化的普及民间,有着不可磨灭的功绩。整理古典,从事政治、教育,这使得儒者所代表的,成为中国文化主流。孔子是儒家的大成者,对于上层的宗教信仰,也是有的。如"迅雷烈风必变";"乡人傩,朝服而立于阼阶"等,都可以看出他有某些宗教情绪。然而,在他倾向于现实的政治与教育中,孔子虽不是反宗教的,却有非宗教的浓厚色彩。"未能事人,焉能事鬼?""未知生,焉知死?""子不语怪力乱神。""六合之外,圣人存而不论。"虽尊重祭礼,但不说"神在",而说"如神在"。凡有关宗教的——宇宙的来源、死后的命运、鬼神的情况、神秘的现象,这都被孔子置而不论。"敬鬼神而远之",确是孔子以来的儒家精神。特别是"圣人以神道设教"，充分表示了不知宗教是什么，但知利用宗教作为统治愚民的工具。这种非宗教的功利观与唯物论者的宗教观，实在看不出什么不同。

孔子的时代以来，民间的文化大大地提高。在政局的混乱变革过程中，由于王纲失坠，而天子独占的宗教失去了尊严。社会的文化发达，造成诸子百家的战国时代。宗教色彩特浓的，如墨家的"敬天"、"明鬼"，老庄的"久视"、"真人"说，阴阳家的"符谶"、"五行"说。在战国时代，有着进一步的发展；江淮一带的黄老之学，全真葆命，趋向于独善的隐逸。这与燕齐一带的方士道，都是后来道教的主要根源。道教，是在这些上综合民间的巫教而形成的，实为中国民族宗教的大杂脍。当时的儒家，从《中庸》到《孟子》，唯心的形而上学大有进步，也重视身心修养。周秦间的儒者，结合了阴阳、五行、符谶，加深了神秘的气息。

战国时代的诸子，不但儒与法重视现实的政治，道家与墨家，也还是不离治国平天下。道家，是天子南面之术；而阴阳家的五德终始说，也与政治的变革要求相呼应。此外，儒家仰慕西周的政教，而高推尧舜的禅让；墨家本出殷宋，而高推夏禹；道家高推黄帝；而许行他们，更高推神农。除了法家的法后王而外，大家都披上一领复古的外衣。

儒家的孟子，是值得注意的人物。在儒家中，他不大重视礼乐，而好谈身心性命。孔子还推重管仲，而孟子偏重王道，羞谈霸业。孔子说"性相近也"，而孟子偏说性善。他不但弘道，而自认为卫道者，大骂杨朱、墨翟，以为"无父无君，是禽兽也"。儒者的中道精神，代以偏激的唯心论，对于未来的宋儒，起着重大的示范作用。

从秦到汉初,政治是道家而兼法家。宗教方面,为道教根源的方士道非常隆盛。秦始皇、淮南王、汉武帝,都是(方士)道的信仰者。他们有充沛的生命力,丰富的想像力。秦皇是六国的统一者;汉武是北逐匈奴,西通西域的雄主;淮南王也有帝皇的企图。他们渡着神秘的宗教生活,而事功却非常卓著。宗教是近于道的,学术是以道而统百家的。中国文化灿烂的时代,大统一、大扩展的时代,并不属于儒者。

儒冠儒服的儒者,多少有点保守,拘泥烦琐的礼仪,"言必称尧舜",即使不是复古的,也是重古的。这是不能适应当时——混乱与不得不变改的时代。总算叔孙通通权达变,这才凭一套尊君的礼仪,取得政治一席地。汉武帝是(方士)道教的信仰者,文化上却来一次独尊孔子,罢斥百家。我以为,儒家隆盛到成为文化主流,应追谢秦皇的"以吏为师"、"焚书坑儒"(实在也是阴阳符谶化的)。一般学派,经这一番打击,经多年战乱,都衰落了。而古代典籍的保存、研究,亏了重视古典的儒者而传续下来。在文化领域中,儒者无形间取得了优越的地位。无为而治的道家政治,因人口增加、经济繁荣而显得紊乱。谨慎、老成、廉洁、忠实的儒者,在帝王心目中,一天天被重视起来。然而两汉的儒者,与孔子的非宗教精神,并不相合。他们神化了孔子,以为孔子预为汉家立法;五经的纬书也出来了;符谶也被尊重。论休征、天人合一的董仲舒,是代表者。取得政治权威的儒者,是一般宗教化的;虽然宗教的见解并不高明。这样的儒者,王莽是有数的人物。他模仿周公,实行禅让、复古,但终因拘泥古制,不达治道而完全失败。从此以来,儒家的理想政治,再也不曾尝试过。

战国以来的道家、阴阳家,到汉代,逐渐形成有组织的道教。张鲁、张角、张修,都是大同小异的。他们所重的,是祭祀、祈禳、忏悔、厌胜、符水治病,预言世界大乱,予人类以光明的远景。导引、吐纳、辟谷的长生术,是独善的一流,也与此相呼应。一方面,专守经学的儒家,崇古、拘礼,引起一分学者的不满,这是重文学,重事功,重后王,学览百家的"通人"。这有着道家的气息,大抵不信谶纬等迷信,也不信方士的神秘,为玄学与清谈的前驱。汉儒的迷妄固陋,逐渐蜕变,纬谶也被废置了,加上汉末的党祸,急剧地没落下来。

汉末以来的道教,经葛洪、陶弘景、寇谦之他们,一方剽窃佛经,一方创作,渐与玄学相融合。他们称天师,使帝王受天的符命。但一般社会的宗教活动,不外符水、祈禳,或吐纳、烧炼的长生术。佛教起初与道教相并而行,等到不断传译而充实兴盛以后,南朝的玄学为佛教的义学所代替。北方朴实而重事功,道教与佛教相争,佛教受到多次打击,但还是日渐壮大。从汉末到唐初,宗教方面全为佛教与道教;唐代更有新来的景教、摩尼教等。这都是一般的、平等的宗教,中国古代的阶级宗教,毫无力量。政治上、学问上,儒家虽有强大的地位,然真能代表儒家的,并不太多。除少数唯物论者(如神灭论者范缜)而外,都接受佛教与道教的信仰,而第一流的学者,属于佛教。

从汉到唐,儒家虽一度独占,然非宗教精神始终不曾起重大作用。儒家所保存的,古代传来的宗法的宗教(王侯与庶民分别的宗教),不能支配社会人心。人类的宗教要求,贫乏的功利的道教,不能适应人心。外来的佛教,这才一天天发达,发达到笼罩一切的领导地位。儒、佛、道,虽有多少争论,而真能互相协调,予社会以合理的推进,属于这一时代。汉末以来的变乱,到隋、唐而再度统一,隆盛,扩展。隋、唐融摄着极多的外来文化,而笼罩一切、吐纳众流的指导精神,不外乎佛教与道教。中国民族的充实与扩展,等到唐武宗的毁灭一切外来宗教,开始非常的复古的剧变。

唐代,为一华戎混融的大帝国,摄受了甚多的外来文化,重用了附属与归化的边族人士。其后,引起安禄山的叛乱,藩镇的跋扈(特别是回纥的非常骚扰);五代的混战局面,也只是这一局势的延长与扩大。在这种情况下,启发了中华民族,主要为儒者的反抗。在唐的国力衰退中,由于壮丁逃避,财政困难,佛教首先受到注意。早在宪宗时代,韩愈便以卫道自任,开始反佛教,反佛老的运动。他虽只是一位词章仕宦的文士,根本代表不了儒家,但引起的影响却非常深切。从民族精神的自觉说,是有价值的。但结果,发展为排斥一切外来文化,演进到独尊孔子的新时代。这对于中华民族,不免利弊参半,而且弊多于利了!

北魏以来的佛教,发展出漠视经教的重行学派:一是昙鸾、道绰、善导以来的持名念佛;一是达磨门下,到六祖而大盛的参禅。念佛非常普及,在一般民间影响很大。这是通俗的、他力的佛教,偏重信愿。禅,主要是传授于出家的僧众间,这是重实质的、自力的佛教,偏重智证。还有偏重悲行的三阶教,受到政治的压迫而衰歇了。与经过秦皇的焚书坑儒,而儒家演进为中国文化主流一样,经过唐武宗的破灭佛法,禅宗也就演进为中国佛教的主流。在内乱频仍中,民生凋弊,毁法而后,寺院经像的恢复不容易,台、贤、唯识等都衰落了。独有禅者,山边林下,到处安身;深入东南山地,辟土开荒,讲求经济自足。以法堂代佛殿,过着专精、笃实、淡泊、强毅的出家生活。虽然对于中国文化、佛教义学的理解不足,但凭它的特长,与当时环境的适应,取得了代表佛教的领导权。

北宋的佛教,虽也有天台与贤首宗的复兴,而主流还是禅宗。当时,自称上承尧、舜、禹、汤、文、武、周公、孔子道统的理学,开始兴起了。但推行新政新学的王安石、蜀派的大小苏,都还是儒佛并重的。作为理学主流的洛派,在程伊川被贬以后,弟子们都还是倾向禅宗。由于金兵侵入而到达南宋时代,国族的危机更深,理学也更隆盛而完成,佛教也就慢性地衰落下来。说到理学,当然是儒家。在《易》、《大学》、《中庸》、《孟子》的思想基础上,融摄了道学与佛学,特别是佛教的禅宗,发展为体系严密、内容充实的理学。理学与禅者的关系,我曾说过:"宋代理学巨子之故乡,十九为四百年来南禅盘根错节开化之区。理学家之精神作风,无一不出于自信自尊、重质轻文、体道笃行、雄健精严之禅风。如程门师资之往返,有类参谒。居敬、穷理、明道统、有语录,亦类禅宗。象山之即心即理,明其在我,一扫注疏之繁,唱六经为我注脚,则尤近矣。"

禅宗,自有它的伟大处。但它偏重心性的体证,过着山边林下的淡泊生活,有着急了生死的精神,虽自称为教外别传的最上乘,而作风却活像声闻行径。无边佛法,被狭隘为"佛法无多子"。深邃的义学，精密的论理，都被看作文字戏论而忘却了，这是佛教中偏重智证的一流。晚唐以前，禅宗都还重在僧众间；其后，广泛地为一般学者所爱好。在这种风气中，儒者不能不接受它，而又从两方面抗拒它。一、由于异族凭陵所激起的民族感情，下意识地轻视印度传来（其实早已成为中国文化内容）的佛教。二、禅者重于自了与出离精神，不能为重人事、重现实的儒者所同意。新的儒者，面对隆盛的佛教——其实是禅宗，而从辨夷夏、道伦常的立场，抨击佛教——其实是禅宗的自私、遗弃人事。透过佛道思想而重新活跃的儒家——理学，师承了孟子的攻击精神。孟子攻讦杨、墨，现在转化为攻讦佛、老。似乎不攻讦佛、老，就算不得孔氏之徒。从中国固有思想，而融摄了部分的印度佛教，理学是成功的。孔子的非宗教精神，到理学家的排斥佛老，才充分地发挥出来。民族文化自尊心的高扬，发展为复古的（菲薄秦、汉、隋、唐的辉煌成就），排斥宗教的文明，问题就在这里。

理学的新儒者，也有"静坐"、"寻孔颜乐处"，有着类似禅者的宗教经验，也能唤起为圣为贤的景仰向往，鼓舞起为道卫道的热诚。然这仅是少数者，在一般民间，无法完成这样的信愿。本来，禅者也有同样情形，然不久，禅者早已发展为辉煌寺宇，庄严的像设，钟鼓仪制，使儒者赞美为"三代礼乐，尽在是矣"！佛教的一般为念佛（特重音声），上层为禅悟，南宋而来，渐倾向于贯通综合。所以，佛教不但是少数者的证悟，更是一般人类的皈信处。儒者呢，几乎恢复了古代的阶级宗教，排斥佛、老，以为中国的有识人物是不应该信佛、老的。充其量，佛、老也不过"圣人以神道设教"的化治愚民的工具。他自己,即使有类似宗教的信愿,也不能普遍;而对于一般的宗教,被看作愚民迷信,造成了一般的非宗教——无信仰的社会。在知识阶级——中国正统文化的儒者间,造成对于宗教的错觉,根深蒂固。

禅者是着重体证的。真切的悟境,是性灵的直观。所以禅者应用象征的表现方式,流露出直觉的、艺术的壮美。禅者的心境,大抵不适于研究经教,不能重视名理,却不妨美的文艺。禅者轻视义学,其实他根本无法学会严密的义学;但却能发出意境高远而平淡现成的好诗文。真正的禅者,不是拘谨的,是热情的,杀活自在的。但理学者恰好相反:孔子以来的儒者,早就偏重于曾子一系的狷道。理学者承受这样的传统,复古的向往,道貌岸然的尊严,不免流于拘谨,或者流于冷酷。纯正的理学者,于诗文书画等,都是不大高明的。太子折一枝鲜花,理学的老师也要噜苏一番。想到私塾时代的老夫子,岂不是从过分谨严而流于冷酷? 在理学的社会中,"饿死事小,失节事大",被看作合乎天理。当然,理学大师也不乏高明人物,但给予一般的印象,多少有点"迂"、"酸"。总结地说一句,儒家发展到理学,是辉煌的成就! 但世间法难得圆满,它缺少一种应有的东西,即没有真切的宗教情操,宗教世界的为人热情!

在中国文化大扭转的过程中,有两点是值得注意的。一、唐武宗毁废宗教以来,部分的宗教转入地下活动,秘密宗教开始活跃起来。如佛教的弥勒出世与摩尼教的明王治世,逐渐融合而成为白莲教等。二、唐代以来,佛教的通俗说教(俗讲),如变文之类,非常发达。在佛教义学昌明的时代,会产生优美的通俗文学,是不致太离经的。但由于教学的衰落,由于理学兴起而上层阶级多少离开佛教,逐渐流为不佛不道、又儒又佛的宗教文学。明清以来的种种"宝卷",都从此而来,这都与秘密宗教相结合。秘密宗教,并非没有合理的思想,代表着知识水准低落者的宗教要求,这并非不可以引入正道。但被看作邪教,被取缔,而取缔是从来不曾有效。反而由于宗教的转入地下,愈来愈迷妄。这可见,不能尊重与发展高尚的宗教,像儒者那样的宗教观,宗教界的情形会变得更坏!然这不但是宗教界的苦难,也是中国民族、中国社会的莫大损害。中国民族逐渐地成为拘泥、怯弱、妄自尊大,囿于狭小的现实,不再有雄浑、阔大、强毅、虚心的汉唐盛德了!

元代,皇家是崇佛的。儒者被编为"九儒十丐"的阶级,虽也还尊敬孔子,而理学当然只能困守。然而佛教,也并不曾得益。除了不立文字的传统而外,因蒙古人而进来的蕃僧,造成了中国佛教非常混乱的局面。短短百年的外族统治,儒佛都受到严重的伤害!总算明太祖出来,结束了这一混乱的世局。皇觉寺僧出身的明太祖,对佛教有护持的热情,论理,佛教应该在中国重走好运,而事实却越来越坏。这真是出乎意外,然而并不希奇,只是不理解佛教的真义,与受到理学者的影响。

明太祖的护持佛教,是毫无问题的,他不断地诏谕僧众,应怎样地来弘扬佛法。成祖也信佛极深;到武宗,更学会梵文,自称大庆法王。嘉靖以前的明代佛教,处于有利的情势下,然而却意外地受到伤害。

太祖谕僧纯一说:"既弃父母以为僧,当深入危山,结庐以静性。"太祖以为:"诸祖经佛之道,所在静处,不出户牖。"他所订的僧制,"或居山泽,或居常住,或游诸方,不干于民"。太祖心目中的佛教,主要是山林的禅者,他们自耕自食(演变为放佃的地主),"不干于民"。不知道佛制比丘的游化人间,受民间的施与,就随分随力地将佛法深入到民间。不干于民的僧制,与此相反,使佛教与社会脱节。

这里面,隐藏着一大问题,太祖本与白莲教有关,但在军事胜利中,重用儒者来治理政事。太祖尊崇大成理学的朱熹,制定八股,以朱注四书为准绳来考试士子。这个崇佛的皇朝,由于尊崇理学及理学者当政,佛教即无形地被伤害了。禅者的自食其力,本是深入山林的不得已。从韩愈以来,儒者一直在攻讦僧众的不耕而食,不织而衣,以及寺院像设的糜费。所以太祖的奖励僧众深入山林去自食其力,或居常住而过着地主生活、经忏生活,"不干于民",多少减少儒者的压力。然而僧众的经济,建筑在寺产、经忏,而不建筑在广大的信众身上,这怎能不走向没落!明代的出家人,完全被置于儒家的伦理思想下。"凡僧、尼、道士、女冠,并令拜父母,祭祀祖先;丧服等第,皆与常人同。违者,杖一百,还俗。"这完全违反了佛制,使超越的宗教精神屈服于现实的政治威力,这等于暗示了出家的非法,为理学者的空前胜利! 尤其是:"释道二教,自汉唐以来,通于民俗,难于尽废,惟严其禁约,毋使滋蔓",露骨地表示了温和的非宗教精神! 禅者为代表的佛教,本已走向山林。理学者攻讦它隐遁自私,其实是惟恐它不如此。佛教被压迫而退入山林,放弃了社会的文化与慈济活动,中国文化才成为理学的一家天下。这个崇佛的皇朝,到末季,佛教是衰落极了!如严嵩死在卑田院,其实是佛教慈济事业的悲田院。但当时的佛教,衰落到连名称都弄不清了。如紫柏大师来京师弘法,当然会接触到朝臣,因此被诬陷而死在狱中。有些人,怪他不知道高蹈山林,到京师来自取其辱。憨山大师到南昌,仅有不穿僧服、不受戒的和尚。到广东南华时,情形更坏!二百年来,要僧众不干于民、退出社会去隐修的护法方针,证明了根本的错误,铲绝了佛教的慧命。

还有一个问题,太祖是出身于秘密结社的白莲教,他深切地知道宗教徒的集合,对于黑暗政治是有危险性的,所以太祖严厉地取缔秘密结社。他的僧众"不干于民","不得与民杂处","不得奔走市村,以化缘为由",都含有政治防范的意味。这到清代,说得更明白:"聚众为匪之众,都由奸邪僧道主谋。平时煽惑愚民,日渐酿成大案。"专制政治发展到极点的明清统治者,不怕圣人之徒的理学家,却怕愚民的僧道。唯一的防范方法,限制他,奖励他与民众脱节。

清代的儒者,复活了汉代经学的研究,极有成绩,但理学家在政治上的地位,由统治者的推重,还是丝毫不曾动摇。而且,清代的经学,并非两汉的经学;两汉的经学,渗透了宗教的仰信,而清代经学,却继承了理学的反宗教精神。清代的佛教(道教的情形更坏)一直在衰落中;而理学传统的排斥宗教的政治压力,真是变本加厉,越来越凶恶!起初,顺治、康熙、雍正(初年),与中国文化的关系还不深,都有佛教的信行,虽然这都是禅宗的。禅宗的天童一系,一时非常隆盛。但到了雍正晚年,不满意三峰派的与文人学士相往来,运用帝王的威力,彻底地破坏了它。到乾隆，更取着理学正统的立场，严厉地对付佛教与道教、天主教等。

"僧道，不得于市肆诵经托钵，陈说因果，聚敛金钱，违者惩罚。""若有官及军民之家，纵令妻女于寺观神庙烧香者，笞四十，罪坐夫男。无夫男者，罪坐本妇。其寺观神庙住持及守门之人，不为禁止者，与同罪。"依此《大清会典》的律令来看，僧众（道流）不但被迫而不干于民，不出户牖，不得游行教化，而且还严厉地取缔妇女们到寺庙进香礼拜，营为宗教生活。佛教与道教，完全被封锁在山门以内。一些自以为儒学正统的缙绅门第，往往挂起"僧道无缘"的牌子，即是这种反宗教意识的表白。自认为精通中国文化的乾隆帝，他公开地表示同意儒家的观点，"释道是异端"，"在国家则为游民"。他一登位，即下谕痛责佛教界，首先将顺治、康熙、雍正三帝与佛教的关系割绝了。接着，通行"甄别僧道"的工作。他容许"山林修道，布衣粗食，独善其身"；而压抑了宗教的社会活动，使成为孤立的脱离社会的分子。被整肃的僧道们，所有的财产没收归公。这一来，宗教界大大地惶惑不安起来。乾隆三次下谕，说明这并非屏斥异端，只是对付为害佛道、为害社会的伪僧伪道，然而他的真意，其后表白为："此教流传已久，人数繁多，一时难以禁革，是以朕令复行颁给度牒，使目前有核查，将来可以渐次减少，此朕经理之本意也。""渐次减少"，是他的目的，是他同意儒者观点，"禁游惰，劝力作之本意"。而所以不曾断然禁绝，并非尊重真僧真道，而是数十万人的生活问题。他以为"僧道亦穷民之一"，"今之僧道，不过乡里无依之贫民，窜入空门"。佛教被看作穷老孤独残废的收容所。佛教与道教等的真意义，全被抹煞。如乾隆二年谕说："释道是异端，然读诵经书之礼教者，得罪圣贤，比异端更甚！凡星相杂流，回回教，天主教，一概禁绝不行。"嘉庆十年谕说："释道二氏尚不可信，况西洋教耶？"理学精神在政治上的成功，重要是一切宗教的排斥，养成了中国知识分子的非宗教传统。乾隆以后，一切秘密结社的宗教活动强化，进行反政府的活动，是不无原因的。清末的天主教徒，为帝国主义作侵略先锋，造成种种教案；其中中国知识阶级的仇教活动，也不是没有责任的。理学传统的政治人物，不知宗教对于人生的真意义，使其向上的发展，而进行反宗教的抹煞政策。充其量，承认它"劝善戒恶，化导愚顽"；但自称圣贤之徒的知识分子，当然是不需要了。这种排斥宗教的政治，当然不会做到彻底。但说到宗教，就联想到迷信的错误，却在中国知识分子的心里根深蒂固地传下来。这被称为中国正统的非宗教文化，果真是中国民族的幸福吗？

　　时代开始大改变，西方的势力，跟着坚利的舰队而来。儒家无法适应，迅速地没落了。号称中国正统文化，千百年来占有政治与教育的儒家——主要是理学，可说是清一色的中国知识界。但仅是废八股，开学堂，失去了教育权，不消十年，廿年，等于全部消失。脆弱到如此的不堪一击，似乎太希奇了。全中国的孔庙，都不知怎样的变了，还比不上饱经摧残压迫的佛教与道教，多少能为了拆庙毁像而呼号反对。这便是非宗教的、无信仰的上层文化，缺乏坚强力量的真凭实据。

　　辛亥光复以来，西洋文化的传入与打倒迷信，表里同时进行。神教徒并非不知道自己的真面目，只是利用打倒迷信来摧残中国固有的信仰——祭祖宗也是迷信。多少涂抹些洋式情调的新知识分子，不脱旧知识分子的非宗教传统。现在是科学时代，讲求实证实用，当然更要反对宗教。反宗教或者说打倒迷信，这一来更为彻底，不但打倒迷信——宗教，而且还要打倒礼教。本来无力的宗教与道德力，经不起五四运动的袭击而完全解体。然而科学与民主精神，始终没有成就。西洋新宗教——依中国的正统文化，应说是新迷信，除了兜搭得外国人的分子而外，也不能迅速建立起来。中国民族的精神，进入了真正的真空状态。五四运动的领导者——胡适他们，都是继承传统的非宗教者（胡适的非基督教，非宗教态度，并非美国式的实验哲学），觉得自己"百事不如人"，决心要引导中国民族去全盘西化（这是外国人所最赏识的）。结果，唯物的共产主义，据有了中国大陆，这能说不是全盘西化吗？近来少数的有心人，痛心五四以来的全盘西化，打倒孔门礼教，弄到神州陆沉。而不知从中国人心中摧毁宗教信仰的，不是别的，是宋明以来的理学。理学者要压倒异端——佛道，而自己却不是宗教。在下的局促于伦常家庭，为当前的功利所奴役；在上的仅是形而上的玄学。这都不能从崇高意境的景慕中，唤起光明与热情，养成强毅坚决的信念。孔子说："民无信不立"，我们现在尝受无信仰的恶果了。

　　宗教情绪的养成，对于民族的强盛有着怎样的作用，说来话长！然而，日本、英、美，都是有信仰的民族。连摧毁宗教的苏联（恶果在后面，看着吧！）也还是千百年来的宗教区。秦、汉、隋、唐的隆盛，都不是无信仰者的业绩。我是神教迷信的反对者，然而我坚决地相信，迷信比没有信仰好得多！

　　我的论列，并非故意要挑剔儒家——理学。在今日，儒家与佛教，应该是同病互助的时候。儒家以及理学，仅是有缺点，不是根本要不得，它是有着光荣的一面的。不过，以中国正统文化自居的学者，大抵不能同情宗教，或仅是同情形而上学。像梁漱溟、熊十力、马一浮、冯芝生，都对中国文化有认识，而且也接触到佛教，但对宗教都是缺乏真切信解的。抗战期间，有新儒家运动，运动还在开始，而排斥宗教的——"二氏"，"佛老"，这一类陈腔滥调，又逐渐地搬出来了！我们现在避居台湾，中国文化的运动，一定有人在努力，这是应该努力的，这是复兴民族的真正动力。希望能扩大胸襟，如隋、唐以前一样，勿再陷入无信仰的理学窠臼！勿偏以儒家为中国文化，勿偏以理学为儒家。从古典中国文化，到周秦的子学，两汉的经学，六朝隋唐的佛学，宋明以来的理学，近代传来的西学；从古代的儒家，近代的三民主义线索中，贯彻各时代的文化，取精用宏，来铸造新的中国文化。中国文化的新生，才是中国民族复兴大业的完成！

　　中国文化的运动者，不能忽略文化中的宗教因素，哪怕是迷信的。假如中国的知识界，永远把宗教看作迷信、落伍；有宗教信仰的，也不敢拿念珠、挂十字架，怕人讥笑，那么，中国的文化，将真是永远的落伍了！

三 修身之道

近年来，由于弘法的因缘，每与学佛的同道，或留心中国文化的朋友，谈到佛法与儒学的同异。但我只是专心佛法，对儒学并无深切的研究，所以虽说到一些，一定也难于恰到好处。我觉得，佛法与儒学，在其文化背景、学理来源，及其要求实现的究极目的，显然是不同的。但在立身处世的基本观念，及修学的历程上，可说是大致相近的。如现在要说到的"修身之道"——为人以修身为本，以修身为关要，就是儒佛非常一致的问题。

一 儒佛之道大同

一、修身为本之道

被看作"初学入德之门"的《大学》上说："自天子以至于庶人，壹是皆以修身为本。"这是说，无论是谁，想不失却人的本分，想为君子，希贤希圣，或者齐家治国平天下，都要从修身做起。如孔子说："君子求诸己。"孟子说："君子之守，修其身而天下平。"所以子路问君子，孔子也就告诉他："修己以敬"，"修己以安人"，"修己以安百姓"。

修身，就是修己。在梵语中，"迦耶"译为身，是积聚的意思。身有广狭的不同含义：一、指皮肤的感觉官能，名为"身根"，近于触觉神经。二、指眼、耳、鼻、舌等生理组织，名为"根身"，与习用的身体一词相近。三、统指身心的综合体，就是个人或个己。如佛法常说的"我见"，其实就是"身见"。儒者所说的修身或修己，当然指第三义的修治自我说。如误解为身体，那修身就成为修精炼气的方士道了。

依儒者看来，希求世界和平，社会安宁，国家富强，家庭和乐，这决不但是发展物产，或者改革政治，或者严密控制人民所能济事的。这必须重视自身的修养，尤其是从事政治的人，修身更觉重要。不能以身作则，一味要求别人，或者觉得都是别人不好，那是不对的。所以孔子说："子欲善而民善矣！""子帅以正，孰敢不正！"孟子也说："行有不得者，皆反求诸己，其身正而天下归之。"这一观点，与佛法完全一致。佛法有打牛的譬喻：如牛车不动了，那应该打牛，不应该打车。就是说，重视自己的身心修治，外在的一切问题，才能因而得到解决。说到自己，心是更根本的。所以儒者说修身，要推求到正心、诚意、致知的本源。而佛法说到人生（众生）的净化、世界的净化时，也归结到心说："心净则众生净"，"心净则国土净"。说到心，并非离开当前的自己，而只是把握自己的最紧要处而已。

佛法及儒家，同以修身为本，从自身而探求到自心，以此为进德成业、解决问题的关键。这不像西方的唯物论者，从环境、从物质出发，而想从物质与经济的制御中去求解决。也不像西方的神教者，以神为本，而想从求神怜愍、求神救赎中解决问题。唯物论与神意论者，都不是直从自己的当下去求解决，而引导人心去驰逐那空虚的物质、渺茫的神灵。修身为本的文化，才是尊重人性的真现实者！

儒佛一致的修身之道，是有修学次第的。从平凡的人身，向上修学，达到高明究竟的地步，当然要有次第，要遵循渐入的程序。《大学》说："知所先后，则近道矣"，这是怎样的重视次第！"登高自卑，行远自迩"，原是不容躐等的。佛法也是一样，佛说："佛法如大海，渐入渐深。"两晋以前，印度传来的佛法，始终的渐学而渐悟或顿悟。宋代的竺道生，首唱渐学的大顿悟说，以为一悟就究竟成佛。到后来，有的索性专提顿悟，撇开渐学，使人一下就走那"蚊虫咬铁壁，无有下嘴处"的工夫。其实，佛法也是重视次第的。如唐代的唯识学，就有《大乘入道次第章》。佛法在西藏，有著名的《菩提道次第》，也就是证入涅槃的道次。证入，有渐入的、顿入的，但从道的修学历程说，是不能没有始终先后的。现在要说到的修身之道，就是依先后的道次来说。

二、大人之学

修身为本的大学，朱子说是"大人之学"。什么是小人与大人呢？孔子每以君子与小人对称，如说："女为君子儒，无为小人儒。"孟子却有时以大人与小人对称，如说："养其小者为小人，养其大者为大人。"在古代，君子或大人，指人君及卿大夫说。大人与小人的对称，也就是君侯卿大夫与细民——老百姓。这一对称，一直沿用到清季。明明德于天下的大人之学，实在是政治哲学。儒者理想的政治，着重在从政者的自修其身，以身作则，从自身的德学来化导平民，所以说："君子之德风，小人之德草。"这样，小人不一定是坏人，只是局限于生活利益，而不能本着德学来利益广大人群。所以樊迟问稼、问圃，孔子就不免慨叹说："小人哉！樊须也。"

大人君子的大学，本是执政者的政治学，所以被看作"尧、舜、禹、汤、文、武、周公之道"。但孔子以来，道学民间化，政治不只是贵族的政治，布衣卿相也起来了。这样，没有从政的平民也有学习政治的；而有了修身为本的政治学，却不一定有从政的机会。于是乎从政的君子与大人，渐演为修身立德的君子与大人。小人也不再等于平民，而成为醉心私利者的别名。

大学可解说为大人之学，那小学也可说是小人之学吗？古代，原有小学与大学的学制。初入小学，学习文字（所以称文字学为小学）；学习洒扫应对，也就是对父兄宾客的礼节，与日常家庭生活的学习。等到进入大学，近于孔子的六艺教育，也就是德化为本的政治学。小学与大学，原是始终一贯的，但学者不免有偏颇的趋势。孔子对子夏说："女为君子儒，无为小人儒。"这是分儒学为二，小人的与君子的。子游批评子夏说："子夏之门人小子，当洒扫应对进退则可矣，抑末也；本之则无，如之何！"大抵子夏是重文学的，他的门人也都是重文学与礼仪的。孔子警告他，子游批评他，想必他的学风犯了忽略自修其身的大学精神，而专在文学礼仪上着力。子夏自辩说："噫！言游过矣！君子之道，孰先传也，孰后倦焉！譬诸草木，区以别矣。君子之道，焉可诬也！有始有终者，其唯圣人乎！"子夏的意思是，这是一般的根性如此。也许有停滞于初小，而不能终进于大道的。但这是没法的事，如草木有大小一样。能一贯的有始有终，那是圣人的事了，我怎么做得到呢？这种重文学、重礼仪的学风，风行于三晋。其后，荀子、韩非子、李斯，都从这一学风中出来，从重礼仪而发展到重法治，甚至离弃了修身为本的儒学。这应该是小人儒学、君子儒学的差别所在。不过，子夏的话也极有道理，有始有终，原是不容易的。始小而不能终归于大，结果会背弃儒学；而偏重尊德性的，离小说大，如理学的演化到空疏嫭陋，也不一定是君子儒的真面目吧！

　　与此有同样意义的，就是佛法的小乘与大乘了。大学是大人之学，大乘也就是大人之乘。龙树《十二门论》说："诸佛大人乘是乘故，故名为大。……又观世音，得大势，文殊师利，弥勒菩萨等，是诸大士之所乘故，名为大乘。"佛法本是平等一味的，无所谓小乘与大乘。为了人的根性不同，方便适应，不能没有大乘与小乘的差别。所以说："一地所生，一雨所滋，三草两木，各自生长。"在佛的本怀，这是一贯的。"始则为实施权，终则会权归实"，一切同归大乘的实道，也就是有始有终，其唯圣人了。可是，由于根性不同，学风的好尚不同，佛教也就有滞小而不知归大的小乘。大乘与小乘的主要差别是：一、小乘是重律的，律与儒家的礼相近。偏重的学派，流行于锡兰、缅甸等国，都是偏重制度、拘泥形迹。大乘是重法的，重于义理的钻研，法性的体证。二、小乘是着重己利的，大乘是着重自利利他的。所以佛教的大乘学，与儒家修身为本的大学，是比较接近的。不过，在大乘佛教的流传中，也有些忽略三乘共学（小乘），不能始终条理，成为偏重心性冥证的空疏学派。与佛的大乘本义，也就多少出入了。

三、大道之二阶与二类

修身为本的大道，可以略分为二阶。我们的身心是不清净的：思想有错误，行为多有不妥当。由于自己的身心不净，所作都成为生死边事；烦恼与不净业，招感了种种苦果。所以学佛应先将自己的身心转变过来，使成为清净的，超过一般的，这叫自利，也叫"般若道"。因为凡夫都是情识冲动的，缺乏正智，以致一切是颠倒杂染。这非要有般若（智慧），才能转化身心：这是第一阶。利他为第二阶，也叫"方便道"。自己学习成就，才可以利人。如自己还堕在水里，不会浮水，这怎么能救别人呢？至少要学会游泳的本领才得。依大乘的真义来说，菩萨是应该先利人的，也就是利他为先，从利他中去完成自利。所以说："自未得度先度他，菩萨以是初发心。"可见成就自利的般若道，决非专顾自己，而是在力量未充分时，随缘利他而着重自利。等到真得自利，那就专重利他了。佛法依此自利利他的先后程序，分为二阶。儒家的大学过程，也是一样。修身为本，这要从致知、诚意、正心中去完成，就是完成自己的初阶。虽然，"己欲立而立人，己欲达而达人"，时刻不忘仁民爱物，而修学过程，非先完成修身不可。能修身，然后能齐家治国平天下：这是第二阶。这样，为学以修身为本，要成贤成圣，必先从修己做起，儒、佛大致相合。佛法是，完成自利的，可以广度众生，庄严国土。儒者说，修其身，而后能齐家治国，明明德于天下。

大道平等不二，但在人修学起来，就有不同的风格。依佛法说，众生的根性千差万别，所以应机说法，也就有不同。有的一心一意，先要修治己身。急急地成就己利，做到身心清净，自由自在。这是以修身为本的，专重修身的。依儒学说，当然是大人之学了。但佛法称他是小乘，即使他终归于大乘，而现阶段，到底还不能与佛的本怀相契合。另一类，为了利益众生而发心，自利利他，这称为大乘。大乘也有二类：一、智增上的，虽念念不忘众生，却着重于智慧的体证。二、悲增上的，着重于慈悲益物。这二类，都是发心学佛，以自利利他为宗，只是初学时着重不同而已。

大乘学的自利利他，可说是穷深极广！说修身，要把从我见而来的生死，彻底掀翻，了生死，得解脱。儒家的修身，意趣相近而深度不够。至于大乘的利他，论对象，不只是人类，而遍为一切众生；论时间，不但是现在，而尽未来际；论空间，遍为一切世界，不舍弃一个众生。而儒家呢，着重于人类，拘限于现在，局促于这个小天地。儒者不大注意到这种深度与广度的差别，反而以小乘的专重修身为佛法，这是不对的。如儒学，不能以小人儒来代表；那佛法，也当然要以大乘学为正宗了！或者见到大乘的智增上者，就评为自私，不肯为人。不知道在修学的过程中，自修其身是必要的。如儒者，尽管"欲明明德于天下"，"己欲立而立人，己欲达而达人"，到底非先从修身做起不可。而且，在行不通的时候，也只能退到"独善其身"的立场。像孔子那样的热心政治，努力教育，以天下为己任，但在"道不行"的时候，也会想到"乘桴浮于海"，"欲居九夷"。这可见，或是个性不同，或是环境所限，佛法与儒家，都有此暂且着重于自修其身的人。佛法应机设教,所以老实揭示这先自利与先利他的二类。儒者渊源于大人君子的政治学,所以自始就以利天下为先,以人事为本。但事实并不能尽如理想,那也只能独善其身,或明哲保身再说。总之,佛法与儒学,以修身为本,是大致相近的。如过分热中于政治,不自修身而只是开口闭口为人(这是儒者所感慨的"今之学者"),反以佛门的自修其身为自私,是错误的!在利他以前,彻底地修身一番,仅是修学阶段。如人到六七岁时,就进学校去读书,从小学、中学而大学。在这专心修学阶段,岂可批评学生为自私,为无益于社会!难道要驱迫学生去劳动生产,才算不自私吗?利他必以修身为本;真的要彻底地修身克己一番,应有这自利的阶段。

二　道之宗要及其次第

一、学道之要在知

　　修身之道,是有宗要与次第的,如《大学》之三纲领与八条目。无论是纲宗,或是次第,都以知为必要。《大学》明明地说:"在明明德,在亲民,在止于至善。"下手工夫,是止于至善;这先要"知止(于至善)而后(才)……能得"。又说:"物有本末,事有终始,知所先后,则近道矣。"知,是那样的重要!

　　"修身以道",不外乎道的学习。道是不曾离开我们的,如经说:"一切法不出于如。"《中庸》也说:"可离非道也。"道虽不曾离我们,而我们却没有与道相应,不曾能明道而体现出来,这当然有了障道的东西。障道的是什么？可能说得不一定相同，但不能不修身以明道，不能没有修道之谓教，到底是大体一致的。

道是无所不在的，但却是不可思议——不是概念的知识、语言文字所能表达得了的。《老子》说："道可道，非常道。"又说：视之不见，听之不闻，搏之不得（佛法称为"超越根量"），而只可强名为道。儒者不大深说它，但也有"无声无臭"等说。其实，这不但佛法、道家、儒家，世间尽多有这样的宗教与哲学向这里摸索。由于修验者的个性不同，承受的文化熏习不同，所以见仁见智，见浅见深，或偏或圆，有似有真。有的夹杂了天帝神鬼的幻影，不免愈说愈迷。正确的是：道不离一切，不离我们自己，所以可从现实的身心世界，深入而体悟它。所以不在乎描写那道是怎样的；从当下的身心去修学，从什么处下手，经什么样的修学历程，才是主要问题。这便是不能不知道的宗要与次第的真义所在。如不知宗要，不知次第，尽他说得玄之又玄，都无非是卜度拟议。如画鬼的一样，人人说好，其实是毫不相干。

儒者以修身为本，而齐家治国平天下为末；以致知，也就是知止于至善为先，以平天下——明明德于天下为后。"物有本末，事有终始，知所先后，则近道矣。"在佛法，修治身心为本，这是不消多说的。《阿含经》以正见为先，大乘以般若（慧）为导，正见或般若，都说明了知为进入佛道的要门。

道的宗要与次第，怎样才能知呢？这就是闻，也就是学了。孔子说："朝闻道，夕死可矣！"佛在《法句》中说："若人生百岁，不闻生灭法，不如生一日，而得见闻之。"道的内容浅深，可能不完全一致,但从闻道的重要来说,完全同一口吻。闻是入道的必备条件,所以佛说四预(入圣人)流支,首先就是"亲近善友(明师),多闻正法"。圣龙树说:"从三处闻:从佛闻,从佛弟子闻,从经典闻";闻就是从师长及经典去学习的意思。孔子也说:"吾十有五而志于学。""吾非生而知之者,好古敏以求之也。""吾尝终日不食,终夜不寝以思,无益,不如学也","十室之邑,必有忠信如丘者,不如丘之好学焉。"总之,好学虽不是专在考据训诂中作活计,但修身或修道,是不能不学、不能不闻的。中庸举博学、审问、慎思、明辨、笃行五项,佛法说闻、思、修三阶,虽开合不同,而修身为本的道,都认为必须从学——闻中得来。

古圣先贤,依着自己的学历经验,为了诱诲后学,虽然道是不可思议的,而不得不以语文来诠表它。由于个性及文化承习不同,教诲的对象不同,说得或深或浅,甚至可能有是有非,但这终究不失为修学的指导。庄子以为,表现于文字章句的,早成为道的糟粕,这是"离文字而说解脱"的。我们虽然不可以尽信书,拘泥固执,但应从前人的宝贵经验中,咀嚼精英,化臭腐为神奇。有些空谈心性,儒者不重视六经,学佛而不究三藏,自以为直探本源,而不知容易流于邪僻。古圣先贤的遗文,为悠久广大的学者所应用,正像走成了大路一样(佛法每比喻为"如大王路")。虽不一定只此一路,或者这还是落在半路,或者渐入歧途,在修学过程中,不妨修正得直捷些,平坦宽广些,但到底是值得重视的道路。那些一开始就想"出不由户"的,抱着路是人走出来的意见,横冲直闯,即使他没有走上绝路,没有堕落深坑悬崖,历尽千辛万苦,居然辟成新路,也不一定就超胜旧路。因为唯有认识旧路，才能辟成更好的新路。从前，子路说："有民人焉，有社稷焉，何必读书，然后为学？"孔子说："是故恶夫佞者！"子路是重于实行的，为政而何必读书，与近人所说的社会大学：革命第一，读书第二，同一想法。这是似是而非的，所以受到孔子的讥嫌。不但从政如此，那些说心说性而认为何必读书的，也一样是孔子与释迦的罪人！

二、道要与道次之略说

儒者的大学之道，有三纲领（宗要）："在明明德，在亲民，在止于至善。"这三要，可以作多种解说，但应特别注意那三个"在"字。在，指出大学的宗要所在，更一层层地推究到下手处。在明明德，就是下文的明明德于天下；大学是政治学，这是大学的最高理想所在。但怎样才能明明德于天下？这就在乎亲民了。亲民，就是"安人"，"安百姓"；"亲亲而仁民"；"以亲九族，平章百姓，协和万邦"。怎样才能亲民呢？这就不能不归到自己，在乎知道止于至善了。止是安住不移。"于止，知其所止"，就是安住于应住的境地。这个应止的至善，分别来说，是仁、义、礼、智等；总相地说，是良知。所以止于至善，就是致知。心住于善，使善心扩充而到达究极，就是致知功夫。致知的本义，应该是住心于道德意识的自觉，而引使扩充。这到下面再说。

程、朱着重了人人以修身为本的大学，所以撇开政治理想，以明明德为显发己心的明德；然后推己及人叫新民；而后自明与新他，达到至善的地步。这也许是可以这样解说的，以明明德为先，止于至善为后（这是受了禅宗影响的新说）。但探求大学的本义,必须注意"在"字,一定要着落到知止于至善为下手处,才能与下文相呼应。

　　说到八条目,就是修学的次第。大学的下手功夫,"在止于至善";"知止而后……能得"。所以大学的进修历程,是"物格而后知至,知至而后意诚,意诚而后心正,心正而后身修,身修而后家齐,家齐而后国治,国治而后天下平"。对于这一学次,想说到几点。一、八条目实是七因果系:格物为因,致知为果;致知为因,诚意为果;……治国为因,平天下为果。因七果七,合起来是八项。这如佛说的十二缘起支,实在是十一因果系一样。二、因果的定义是:有果,一定从因而来,如说:"欲明明德于天下,先治其国。"但有因,可能有果,而不一定有果的。如家齐而后国治,但齐家的并不一定就能治国,要在齐家的基础上,加上其他治国的因素,才能治国。佛法说因果,最明白彻了!因缘是无限众多的,说某因得某果,大都约主因说。这还只是可能性,而不是决定性;更有助缘和合,才能成果。这所以,如固执为致知的一定能诚意,齐家的一定能治国,那就不免大错特错了!三、致知为先,修身为本:依《大学》初章,可略分二段:第一、略示:"大学之道,在明明德,在亲民,在止于至善。"为什么要止于至善?因为"知止而后……能得"。点出致知为先,这才结说:"知所先后,则近道矣。"第二、广说:先从"古之欲明明德于天下",推论到"致知在格物",然后反过来说:"物格而后知至,……而后天下平",这正如十二缘起支的逆观、顺观一样,这才总结到"修身为本"。四、以修身为本来说:致、诚、正,是己利的至德功夫;齐、治、平,是利他的盛业。古人每读为:格致诚正,修齐治平,不免忽略了修身为本的关要性。五、相依相摄:修道次第,不可作机械的隔别看法。如知至而后能意诚,致知为诚意所依,诚意是不离致知的。所以,诚意也就含摄得致知,但这是诚意相应的知,比前阶段的知更殊胜。又如意诚而后心正,正心是依于诚意,更远依于致知的。这样的正心,就含摄得致知与诚意。当然,正心相应的知,又殊胜多了!这样,修身完成,也就是致知、诚意、正心的完成。这一相依相摄的道理,极为重要!

大乘与大学相近,也有三纲领,称为三金刚句。如《大般若经》说:"一切智智(大菩提的别名)相应作意,大悲为上首,无所得为方便。"圣龙树的《宝鬘论》也说:"不动菩提心,坚固如山王;遍际大悲心;不著二边慧。"这三者,就是菩提愿、大悲心、无我(空)慧。以此三心而修,一切都是大乘法,如离了这三者,那所学所行的,不是小乘,就是世间法了。一、菩提是无上菩提(佛果)。以佛为模范,发愿希欲成就佛一样的菩提,广度一切众生,名为发菩提心,也叫愿菩提心。这与自立立人、欲明明德于天下的愿欲相近。二、大悲心是利他拔苦的恻隐心。成佛要从大悲心行中来,所以在修身历程中,不但要自心清净,也要利益众生,使众生的身心清净,这近于大学的亲民了。约政治说,是亲民,是促进人民进步,和平安乐。约德化说,是新民,就是使人心向上向光明,人格健全,身心净化。三、无我慧,就是体达性空的般若。想自利利人,本是人人共有的德性。但人人有我见,不离自私,一切从自我中心出发。有了我见,不但扩展私欲,易于作恶;就是行善,也不彻底。一般的善心善行,都不是至善。唯有无我慧,才会彻明真理,能彻底地利他。无我慧是佛法特有的至善，为一切出世法的根源。

此三心，是大乘学纲，也是次第。我曾依圣龙树的五菩提而略明学程。首先，发起大菩提愿，誓愿上成佛道，下化众生。然后广修十善行，积集十王大业，为大悲心行。末了，慧从定发，彻证不生灭的空无我性，就是体达了无漏的至善。以上是般若道。这一无漏至善的现证，在向上的方便道中，也名为菩提心——胜义菩提。依此体证的菩提心来说，《华严经·十地品》等譬说为菩提心宝。众生心是性本清净的，也是本性光明的。发菩提心，就是使自心的本净与本明显发出来。经中比喻说：众生的菩提心宝（如来藏、佛性），在生死烦恼中，好像宝珠落在粪泥里。发心修行，就像取出宝珠，洗净磨光，恢复晶莹的宝性一样。这与理学家的明明德说相近，这是承受佛化的新儒学。依于胜义菩提心的自证，然后大悲广度众生，如说"成就众生，庄严国土"。等到一切圆满，名为成佛，也就是绝对善的圆满显发，称为"最清净法界"。佛法的进修次第，有此二阶。一分圆顿的佛教，如禅宗等，大抵忽视前阶，而想直入胜义菩提心。这一学风，影响儒学而成为理学。然在完整的道次中，始终条理，是不能忽视先后的。

佛法遍为一切众生，所以如广说修学次第，是非常复杂的。最大概的分别为三：一、五乘共的人天乘；二、三乘共的二乘；三、大乘不共的佛乘。如儒家的大学，一般说来，是人乘（通于天乘）的善法。佛出世的时代，人类的厌离心很深，所以依于人乘的善法，而趋入无漏至善的圣法，以后才回小入大。依佛法来说，本着良知良能（"生得善"），扩而充之，救人救世，是伟大的，但是容易的(五乘共法)。如独善其身，专心修证，达到身心净化的无漏至善，如小乘那样，彻底根治世间的迷根，当然是不容易的，但也还不是最难的。着重人世间事，或着重出世，都不算太难。如在身心净化中，同时利人利世；在利人利世中，同时体达至善无漏，那就被称为"火里莲花"，难中之难的菩萨了。佛陀出世，本意在以人来为阶梯，通入大乘的究竟道(如依大学三纲领，而深化为大乘三句，就直通无碍)，但由于时机的厌世心深，所以方便开示了偏重出世的小乘。这虽然回小向大，也还是悲心薄，成佛的进度很慢。如依人乘而直入大乘，才是佛法的真宗，这就是太虚大师所说的人生佛教。

三　格物以致其知(信成就)

一、约儒学说

修身为本的大学，在乎"先致其知"，致是得到的意思。儒者所致的知，依《大学》(《孟子》、《中庸》)看来，虽含得理智成分，但着重在善，是性善的良知。如《大学》开宗明义，初说："在明明德，在亲民，在止于至善"，接着就说："知止而后……能得。"次广明说："先致其知"，其后解说止为："为人君止于仁，为人臣止于敬，为人子止于孝，为人父止于慈，与国人交止于信。"不远处就说："此谓知本，此谓知之至也。"至就是致；所以知止于至善(仁等)，就是知止；学习到得而勿失，就名为致知。古本《大学》中，文义一贯，极为明白。致知的知，是至善的良知。初学者要安住（止）它，进而得到它，试引《中庸》及《孟子》来说明。

《中庸》说："回之为人也，择乎中庸，得一善，则拳拳服膺而弗失之矣。"又说："诚之者，择善而固执之者也。"佛法说"思择"、"抉择"，都是知（慧）的作用。择善，就是知善、思择善。"固执"、"勿失"，就是知止于善，虑而后得的致知。起初，此虽是一善，一端的善，但能固执勿失、止，就能充类至尽而广大起来。如《中庸》说："其次致曲"，致曲即致一端的善；能致曲，就能"有诚，……能化"了。

孟子说性善，说良知、良心，把致知作致良知解，是儒者的一般见地。依孟子说："人所不学而能者，其良能也；不虑而知者，其良知也。孩提之童，无不知爱其亲也；及其长也，无不知敬其兄也。"这是约孝弟说（"孝弟为仁之本"），举出爱亲敬兄的善德，以例明性自有之的良知。又二次说到，恻隐之心、羞恶之心、辞让之心（一作恭敬）、是非之心，是人人所固有的。孟子所说性善的良知，实在是道德意识，每人都是会或多或少流露出来的。只是平日"蔽于物"而"陷溺其心"，这才使良心"放"而丧失梏亡了。愈来愈少，有的竟似乎没有善性一样，所以孟子举牛山濯濯的比喻，来说明这良知的消失。依佛法说，善心是可能在一期间丧失而不现起的，称为"断善根"。这只是一期的不起，如受到苦难的逼切，或善友的激发，又会倏的善心现前，称为"续善根"。断善根的是绝少数；在一般人，善心都是或多或少现起的。所以致良知，不是得到什么高深的悟境，不在乎良知——善心的生起，而是怎样使良知念念相续，展转增长，如源泉的浑浑而来，流成长江大河；像星星的火，使它旺盛而不息。

只此一念良知,孟子说:"求则得之","思则得之",重在一个得字。得是"勿失","知至";约佛法的术语说,是"成就","不退"。

良知是人人固有的,但要"致知",或者说"得之","勿失",这可要一番修持功夫。《孟子》提出了"求"与"思";《中庸》说"拳拳服膺","固执";《大学》说"在格物",而格物致知,要经止、定、静、安、虑、得——六个过程。现在以格物为主来说明它。什么叫格物?儒者的异说极多,有的是越说越远了。如郑注以为:"格犹来也,物犹事也。其知于善深则来善物,其知于恶深则来恶物,言事缘人所好来也。"《大学》明明说:"物格而后知至","致知在格物",格物为因,致知为果,而郑注却颠倒地说成知至而后格物了!这些,也不用一一料简。

良知的所以丧失,是蔽于物而陷溺其心的关系。对于这,《孟子》有一段重要文字,如说:"耳目之官,不思而蔽于物,物交物则引之而已矣。心之官则思,思则得之,不思则不得也。"孟子分官能为二:"耳目之官",是眼、耳、鼻、舌、身五根,是色法——物。从五根而发生的五识,是不能思择善恶与义理的(佛法中的一切有系,也这样说)。如眼等根识作主,就会蔽于物而丧失良知。"心之官",就是意根。从意根引发的意识,孟子是看作本性善的。如意识作主,能思择,依于义理,就会离恶而向善。从物质官能引起的根识,触对外境,名"物交物"。外境,如约"法假"说,是色、声、香、味、触,及五尘落谢影子的法尘等。约"取假"说,是复合物,即外而山河大地、草木丛林,内而身家国天下的一切事物。触对这些事物时,如纯依生理官能的活动,没有良知的思择,就会为物所引转,起贪、起嗔、起痴、起慢了。这便是"物交物则引之"的"蔽于物",不能为善去恶而陷溺其心了。从意根而起的意识,是能思择的。在意识观察事物时,思择善恶,就能为善去恶,渐得良知而勿失。孟子将习成的恶心,归源于物质的官能;性善的良知,属于能思择的心。这种心物、善恶二分法,实在笼统之极!但为物所转,蔽于物而习于恶;能思择才能致良知,到底不失为修持的方法。

有人释格物为"格物欲",以格为格拒的格,物为物欲,似乎训诂有问题。《大学》说"物有本末",《中庸》说"不诚无物",物是身、家、国、天下的具体事物,并不是格除的对象。而且,儒者只是"欲不可纵","养心莫善于寡欲"。如儒门心传的"人心惟危",也还是"允执厥中",并没有弃绝人心(欲)。大概宋儒在佛法的熏习中,习闻佛法的"离欲"说,又不曾深究"离欲"的真正意义,这才会有"格物欲"的解说,而宣传"人欲净尽,天理流行"的新儒学。

阳明释格物的格为"正",从《论语》的"有耻且格"、《孟子》的"惟大人能格君心之非"来说,训诂是对的。但阳明说:"物乃意之用,格物乃格意之不正而归于正",不免偏于心理的解说。其实《大学》的"物有本末",《孟子》的"物交物","蔽于物",都就是格物的物。物是一切事物——身、家、国、天下等。在根境触对而生识时,能思择(佛法名"明相应触"),不起贪、嗔等而引发恶业,就能不为物所引,不为物所蔽,能得其正,止于善,这就是格物。于事物而能正(格),不起染心,善念现前;能保存良知,而渐渐地长养成就。儒学在平常日用间用力,触境生情能中节,待人接物能守正,随时格物,常止于仁、敬、孝、慈、信,爱亲敬兄,亲亲长长,不失仁、义、礼、智。修身之道,就从这样的格物、知止入门。平常踏实,这便是人人能学,人人应该学的大学!

知止格物的入门功夫,是人人所能学的,但要圆满成就,就不大容易。修身圆成,才是致知的圆成。这与佛学的"慧"一样,是首先的,也是贯彻始终,究竟圆成的。从初学到究竟成就,《大学》历举"止定静安虑得";这与《孟子》所说,都包含了止与观的修法。止与观,佛法中有,儒、道、印度教等都有。这与佛法有什么差别呢? 这就从所止、所观的不同而分别。所以应注意止在哪里,观个什么。如从博学到笃行,可说是从求知到实践的方法。但所学所问不同,所行的也就不同,决不因学、问、思、辨、行的方法历程相同,而所学所行也成为一样。因此,如但见止、观的学程相同,就把儒、佛搅成一团,弄得儒不成儒,佛不像佛,那真不免被讥为:望见生须的,就认为是老父了! 然而,世间却尽多这样的附会圆融的大家!

大学的止、定、静、安,是属于止的;虑、得,是属于观的。佛教说:修止不外乎"九住心"——住心的九个过程,这与止、定、静、安,虽开合不同,而大致一样。今先依佛法,说明住心的历程,再来说明《大学》与《孟子》。九住心是:一、"内住":我们的心,经常是向外驰散的,被称为"心猿意马",跳跃腾踔,瞬息不住。开始修止时,必须收摄此散心,系念到里面来——止于要止的境地。依儒学说:止于仁,止于仁义,止于仁义礼智,止于仁敬孝慈信;但可总名为仁,即性善的良知。二、"等住":修习稍久,动心渐息,心也清净多了,能前后相续地等流下去(还不是长久的)。如止于仁,就一直住于仁心。三、"安住":以前,有时会失念而散乱到别处,等到发觉,已散动久了。现在,偶尔失念,心向外散,能立刻摄回,还住于要住(止)的境地。四、"近住":心愈来愈安定了,不但不会散乱太久,就是偶尔散乱,几乎是一动就摄住。到此,住心已达相当安定的境界。这四住,相当于"知止而后能定"。《孟子》称此为"求放心",一般人总是逐外物而流动散乱,如鸡犬的放失,到处乱跑,不知道归家一样。人心也是如此,所以称为"放心"。《孟子》说:"学问之道无他,求其放心而已矣!"又说:"求则得之。"求放心,就是摄乱心,使心不散而住于良知。住于良知而摄持不失,也就是孔子的"操则存"。如能安住净善的良心,因定力渐深而愈明愈净,展转增长,就是长养。

再修习下去,五、"调伏":美色妙声等,一向是因而散乱动失的。现在心被调伏了,对于这些境相,不再散乱而起贪嗔等了。六、"寂静":障定的欲贪等,静中最易现起的不正寻思,都渐能不起,不因之而流散。七、"最极寂静"(这不是涅槃的寂静,千万不可误会):如偶尔失念,瞥然现起贪欲及恶寻思,能立刻息灭。到这,障定的烦恼不起了,如中夜的寂无声息一样,心地是清明平静极了。从调伏、寂静到最极寂静,《大学》总称为静,所以说"定而后能静"。止、定、静的过程,姑以譬喻来说:如人乘船,在波翻浪转中动乱不停。船停了,如"止"。人上了岸,不再有动摇的感觉,如"定"。但是心有余悸,或者气喘汗流。休息过后,心平气和,如"静"。

再修习下去,八、"专注一趣":心住所止的境地,进到没有缺失,没有间断,安定地相续下去,但还要用力去控制。九、"等持":不必再加功用(这叫"不勉而中"),自然而然,心地平正而相续。到那时,不但心地安定,而且特别明净。功候成熟,会发生"轻安",身心获得从来没有的愉悦(这也许就是孔颜乐处),而且充满了力量。《大学》的"静而后能安",就是这样的轻安。轻安发生,才算修止成就。这种修止过程,佛法与世间学,都是一样的。

止于明净的善心(仁),经定、静而引发轻安,这就可以进而修观了。这不是说,以前完全没有审思、观察,反而在修习的过程中,止的安住,观的明察,一向是互相交替推进的。不过在止没有修习成就,思虑就只是散心的分别,如风中的烛光一样。所以止后修观,是修止成就才能修观成就的意思。《大学》说虑,是止后起观。《中庸》说择,《孟子》说思,都是通于散心的。什么是观?梵语毗钵舍那,经上说:"能正思择,最极思择,周遍寻思,周遍伺察;若忍,若乐,若慧,若见,若观,是名毗钵舍那。"

儒者止于至善良知,怎样的思虑观察呢?简单说,是譬类推度的思察。我们知道,儒者以"修身为本",从"反求诸己"(身)做起,所以是从切近的自己,充类至尽地推而大之。《论语》说:"仁者,己欲立而立人,己欲达而达人。能近取譬,可谓仁之方也矣。"近取譬,就是"近取诸身",以自己为譬而类推到别人,这是儒者为仁的一贯方法。又说:"博学而笃志,切问而近思,仁在其中矣。"近思,也就是近取譬的类思。孔子多为门人说,如说:"己所不欲,勿施于人。""我不欲人之加诸我也,吾亦欲无加诸人";"施于己而不愿,亦勿施于人";"所恶于上,毋以使下。……

此之谓洁矩之道"。这也就是"一以贯之"的忠恕:以己度人,想他人与自己一样,是恕;尽己的心,是忠。以自度他,使自心的仁做到充类至尽,就是忠恕。这在佛法中,称为"以己度他情"的"自通之法"。这是人乘善法,如深化起来,就是修菩提心。

《孟子》也彻底使用这类推的思虑,但多为政治领袖们说。或名为充,如说:"凡有(仁义礼智)四端于我者,知皆扩而充之矣";"苟能充之,足以保四海;苟不充之,不足以事父母";"人能充无欲害之心,而仁不可胜用也"。又称为推,如说:"老吾老以及人之老,幼吾幼以及人之幼。……推恩足以保四海,不推恩不足以保妻子。古之人所以大过人者,无他焉,善推其所为而已矣。"无论是扩充自己的良知,或是以己推人的仁心,都不外乎类推。甚至说,齐王好乐、好货、好色都不妨,只要推此心"而与百姓同之"就得了。但要推而充之,先要从类推的思虑中,求得这推己及人的良知。这是:一、以众人推自己,如说:"人人有贵于我者,勿思耳"。(思则得之)二、以圣人推自己,如说:"圣人与我同类者,……圣人先得我心之所同然耳。"三、以己身推己心,如说:"指不若人,则知恶之;心不若人,则不知恶,此之谓不知类也。"四、以物推己,如说:"岂爱身不若桐梓者,弗思甚也。"类推的思虑法,孟子是继承了近思的方法而扩大了些。再扩大,就是"类万物之情而通神明之德"了。

安住于明净的善心——良知,作以己推人的审思,类推而扩充到一切,名"安而后能虑"。等到止观相应,观心成就,就是"不违仁"。孔子说:"君子无终食之间违仁,造次必于是,颠沛必于是",这可能是"夫子自道"。而"回也,其心三月不违仁",

应该是颜渊向孔子的修验报告。要知道良知是德性的端绪，经一番修持功夫——止、定、静、安，还不能仁心普洽。必须再经"近思"功夫，也就是"忠恕"，"强恕"的力行，达到不违仁，"虑而后能得"，才是致知的圆满成就。上来说明《大学》的"知止"到"能得"，是格物致知的圆满学程。

上面说，格物是在对境时心得其正；正于物，是适宜于解说修止的。因为摄持乱心——求放心，无非是止于至善，不为物所引，不因贪欲、寻思而散动。然在修观时，格物就应解说为"类推于物"。格可解说为"度量"，如平常说的"格量"。儒者称以己度他的类推法，名"絜矩之道"。絜是度，是量长短的；矩是三角尺，是用来画方形的。要使物长短适宜，方正不偏，要用絜矩来格量。对于人——长幼、上下，都要以己心去推度他。人心是同样的，只要以己度他，就能恰恰好——正。推度审思的絜矩，就是自己的良知，所以叫近思。格也可解说为譬类（以此譬彼，以此类彼，还不是絜矩一样），两晋时佛法有"格义"派，以儒道的义理来比配佛法。宋初慧琳撰道生诔说："征名责实，惑于虚诞；求心应事，芒昧格言"，格言就是喻说。所以，格有比类的意思，也就是推度的意思。譬类的推度，是格；以己度人（家国天下），就是格物。这样的格物，能使良知成就而不失，所以说"物格而后知至"。

关于格物致知，说得多了。这与佛法的"无量等至"大致相近（这与孟子的养气等，留到"正心"段去解说），不外乎世间的人天善法。但在古代，汉学家在训诂中过活，似乎不知道孔、孟的修持法。宋、明的理学家，在佛法的熏染中意识到了，可是心中先存着一种"禅思彻悟"的境地,所以虽自以为"反求诸六经而得之",其实得到的,是糅禅于儒、不儒不禅的理学。陆、王,不消说了;程、朱也不能例外。程、朱不知格物致知的意义,反以为《大学》有了缺文,这才照着自己的意思(混禅于儒的新见解)补上一段。如说:"欲致吾之知在即物而穷其理。……即天下之物,莫不因其已知之理而益穷之,以求至乎其极。至于用力之久,而一旦豁然贯通焉,则众物之表里精粗无不到,而吾心之全体大用无不明矣。""一旦豁然贯通",宛然是禅者口吻!依儒学说:"及其至也,虽圣人亦有所不知",而对于"大学始教",入门下手功夫,朱子就要人去做到"众物之表里精粗无不到,而吾心之全体大用无不明",真是好大口气!格物致知,为修道的下手功夫,而理学家却说得那么高妙,这真是"道不远人,人之为道而远人"了!

二、约佛法说

儒者以致知入门,学佛的以正见为首。见就是知,是深彻的知。儒者重于道德的良知;佛法虽也是道德的,但更富于理智的成分。这所以佛法从道德的确认,而进入"如所有性"、"尽所有性"的事理正觉。至善的知见,不仅是仁心,而要能契合于事理的真实。因此,佛法的修得正见,不只是儒者那样的格物,而要从无限时空,一切众生中,如实正观死生的历程,心识的性相,染净的枢纽等,得到如实的正见,也就是真正的良知的体认。

先约共世间的正见来说,可略分四句:一、知善知恶:依心识而展开的身语活动,都是有善有恶的。知道有,也就确信是有。

这是道德的确认,而使自己的身语意业有所遵循——去恶行善。阳明说:"知善知恶是良知";佛法的正见,也确是以知善知恶为出发的。但人类的道德意识,知善知恶,不一定是正确的。我们无始以来,受烦恼恶业所迷乱,今生又为环境习俗所熏染,每每习非成是,不能自觉。如理学者口口声声不离天理良心,而目对缠足等恶习,女子未嫁而殉节等,谁也不觉得背理。所以知善知恶而离恶向善,要从尊重自己,尊重真理,尊重世间,不断学习去渐渐完成。二、知业知报:知道善与恶,要行善去恶,这不但是应该如此,而认为是事实的确如此。因为行善或作恶时,当下就引发或善或恶的能力——潜在的业力。善恶的业力,一定会招到安乐或苦痛的果报。为了自己的福乐而行善,附有功利的动机,不能说是最高的善。不过只要是行善,不论是为了自己的福乐而行善,或是觉得应该行善而行善,终究是有福乐果报的(作恶的一定有苦报)。善恶业一定有果报,应该去恶、应该行善的努力,这才有了着落,而确信为非如此不可。三、知前生知后世:善恶的业力,会影响别人、家庭、社会,但重要的还是自己。自己的行善或作恶,对影响自己来说,就等于自己在准备向上或向下,向光明或向黑暗。有的自己现生受报,有的来生受报——上升或者堕落。人的生命,不是唯物论式的死了完了,而是一生一生的相续,所以业力是决不落空的。说到这,儒者就不同了。虽信得自己现生受报,或报在儿孙,却不说有来生受报。所以如没有儿孙的,或行善而受苦的,多数会动摇道德的信念。不是说"天道无知",就会慨叹为:尧舜与盗跖,到头来都是一样,落入怀疑论。四、知凡夫知圣人:凡夫是一般平常的人(众生)。行善或作恶，受福或受苦，一生又一生的，常在上升或下堕的轮回中，活像世局的治乱无常，家庭的贫而又富、富而又贫一样。所以平常的生命，就使是非常安乐，如上生天国，也不是究竟的，还是要堕落的。如能除去那轮回的症结，达到彻底解决，永恒自在，那就是圣人（与儒者的圣人，含义有点不同）。如能确知确信，有超越庸常的向上净化，就能策导自己，迈向高明的境地。

如上所说的正见，从知善知恶而来。由浅及深，由近及远。不但知有善恶、祸福，更知生命相续，绝对永恒，打开了出世法的大门。约佛法的共世间正见来说，就有些是儒者所不知的了。

出世（三乘法）的正见，是以上说的正见为基础，而为更深广的悟入。身心的行为——善恶，业报的延续，这一切是"缘起"的：依因缘而存在，依因缘而现起。自与他，身与心，众生（人）与国土，现在与将来，彼此间有着密切的因果关系。儒者不大深究这些，只是以自心量度别人，知道人心是同样的，从此而获得明德进业的正知。但佛法要深观这些，知道一切是缘起的。一法如此，法法如此，自己如此，一切众生也如此。尽管众生的根性好乐不同，"异见异忍异欲"；尽管世间的因果无限差别，但一切是缘起的存在，那是最普遍的轨律——法（法的定义是轨持，意思是不变失的轨律），从此而获得进修解脱的正见。

从自己而观察到众生，从众生而观察到自己，发现一切众生，都在依于因缘的轮回中——生而老，老而死，死而生。知道这缘起因果，是以心为主为导的，以心的倾向而转移的。众生的心，无始以来就惑乱了，不能契合于缘起法（不合真理），叫做"无明"。依无明而有烦恼，依烦恼而造业；依惑业的轻重，造成了升沉轮回的苦乐果报。发现众生的生死，以无明为本，而有"无明缘行……生缘老死"的十二缘起。或简化为"依惑造业，随业受报"。这生死的必然律，叫做"缘起支性"。这是一切众生所同的，佛只是发现它，而不是造作它。这样，如心能契合缘起，得正知见，不再迷惑颠倒，就能破除生死的症结而得解脱了。圣者的解脱，都是遵循这正见（般若、明）为本，而起修"正见……正定"的八圣道。或简化为"依戒得定，因定发慧"。这解脱的必然律，叫做"圣道支性"。这是一切圣者所共同的"古仙人道"，佛也只是发现它而已。

向迷的缘起支性，转悟的圣道支性，都依于心为主导的缘起而得正见。一切是依因待缘的存在；深刻地观察起来，到达一切缘起法——身心、自他、国土等——的底里（缘起寂灭性），体现得万化的平等一如，称为"空性"、"真如"等。空性，不是没有，而是缘起法的本性——普遍的、永恒的绝待真实。由于一切法性的本空、本寂、本如，所以显现为前后的推移，没有常恒性，称为"诸行无常"。现为彼此的关涉，没有独存性，称为"诸法无我"。虽现为时空中的万化生灭，而"终归于空"，称为"涅槃寂静"。这就是缘起"三法印"——三大真理。其实，绝待的真理，哪里会有二有三？这不过从现象去把握它，从不同的角度去体认它，而作不同的说明。如从法法本性说，只是"一切法空性"——"一实相印"。观缘起——广观一切法，中（不广不略）观身心，要略观自心——法性而得这样的深见，才是出世法的正见。

知善恶因果，知业报相续，是五乘共的正见。依此而知缘起,缘起的空寂性,是三乘共的正见。大乘正见,也还是这个,只是更深彻的、更切要的确知确信而已。从更深彻来说:善恶、身心、依正——这一切,都是缘起的存在,称为"假名有"。假名,是有特性、有形相、有作用、有因果关系的。假名的意义,是依于因缘而存在("施设而有"),不是永有的、自有的、实有的存在。这样,称为假名的缘起有,当体就是空寂;空是无实自性的意思。所以一切法是假有,也就是一切法空——空有无碍。这一即有即空的深见,使共三乘正见中,或者离有说空、离生死说涅槃、离差别说平等的可能误会,一扫而尽,开显了圆满的中道正见。就因为这样,即空即有的缘起——身心、自他、依正等,都不是永恒、孤立的存在,而是无碍的相融相即;一法依于一切法,一切法依于一法。所以不但空有无碍,"身心"、"依正"、"自他"、"迷悟"、"心境"、"众生与佛"……一切都融通无碍。从空有无碍中,这样的"一即一切,一切即一",开显了圆满的中道正见。

从更切要来说:缘起法是依心而为转移的,心为一切法的枢纽。依心而得正见,最为切要。心也是缘起的,也就是假名有的、本性空的——即空即有。佛处处说空寂,但有的误解了,引起诽毁,所以佛又处处说净(如"法性本净"、"心性本净"),净实在就是空的别名。所以深见心性,是心本空寂的,心本清净的。心清净性、心光明性,就是众生心的至善德性。约真说,是心的真实;约善说,是心的至善。众生无始流来的至善明心,就是具无量功德相的如来藏性——佛性。成佛,就是究竟圆满了,究竟清净(离垢清净)了心性;学佛,就是怎样的显发了,怎样的体见了心性。这切要的心性正见,在大乘修学中,称为发菩提心,也叫做起大乘信心。所以说:"菩提心者,谓如实知自心。"

大乘正见,从知善知恶始,经重重的深入,而到光明清净心性。如单说知善知恶与自心清净(菩提心、大乘信心),好像与儒者的良知相近。我国的先哲,也欢喜说他一致,其实是浅深不同的。如佛法成立于三世业果的缘起,而儒者却不然。如儒者的良知,是人之所以为人的,是人与禽兽所差别的;而佛法的本心净性,却是一切众生所共同的。如儒者的良知,举人人知道敬兄孝亲等来说,是人人所现起过的;而佛法的心本净性,却要脱落习成的分别,才能显发。所以儒者的致良知,如保持草木根芽,而使它长养;而大乘正见——菩提心,却如污秽中的摩尼珠、矿藏中的宝性、地下的水源,要经过极大的功力,才能掘发出来的。因此,儒者的致良知,无论功夫如何,总不过是有漏现量心,有漏无分别(没有"随念分别"、"计度分别")善心的等流相续;而佛法中胜义菩提心的显发,却是脱落尘习,无漏现量的觉性现前。

古人以致良知来比拟心性的彻悟——胜义菩提心现前,是不适合的。但与初修世俗菩提心,却大有相同处。(无上)菩提是佛所圆满了的,究竟清净了的,极真至善的大觉。这虽可说一切众生本来如此,但在无明蒙惑下,却从来没有体现过。如以此为究极理想,修慈悲心,闻思(本空、本净、空有无碍的正见)慧,以确立成佛的大信愿,就是世俗菩提心。这与致良知一样,都要经思择——观慧,才能得能成。儒者的修法是格物,以自心而类思他心,重在类推,如上面已说到了。而菩提心——大乘知见的修习,古来有"推"、"换"二法。什么是推? 首先,深念慈母的恩德,而起报恩心(这与儒者以孝为德本的精神,极为符合)。在三世因果的观察中,知道一切众生,在过去世中都是我的慈母。所以从现在的慈母,推及与我有恩的;再推及与我无恩无怨的;再扩大而推及与我有怨的,都曾是慈母,而生起恳切的报恩心。想到这恩、中、怨一切众生,有苦难而想拔济他;想到众生的没有福乐,而想给予他;见到众生的得到福乐,而生欢喜心;于一切众生起平等心。总之,观一切众生为母,而起慈、悲、喜、舍心。但这必须通达一切法空性,圆满菩提,才能完成利济众生的大愿。由此慈悲心、闻思的空性慧而引发菩提心,达到成就。什么是换?设身处地,自他互换,也就是将别人想成自己。这样,别人的苦痛,就是自己的苦痛;别人的幸福,就是自己的幸福。这种看一切众生如自己的思择,一定能引发恳切的慈(与乐)悲(拔苦)心,而为引发菩提心的方便。这样的修习成就,名为"菩提心相应",也叫"一心常念菩提",就是不违菩提心了。所以佛法的成就正见,或起大乘信心,发菩提心,都是从自己——自心而类推到究竟深广的。如儒者的致良知,如局在现在、此地、人类,那只是人乘善法。如由此而推及一切众生,尽未来际,而知有究竟的圣果可得,那就通入菩提心,由人乘而入佛乘了!

四　诚意(戒成就)

儒者的修学次第是:致知而后意诚。依佛法,由于正见——正信,引起戒行的修学。意是意欲——意向的愿欲,诚是真诚无妄。由于格物而致良知,引发出真诚的意欲,止恶行善,在平常实践中表达出来。如果说心说理,头头是道,而所行的却不是这样;或者想为善而毫无力量,这说明了那是仅有空虚的知识,不曾化为自己的见地,不曾成为自己的信仰。内心空虚无力,就是不诚;不诚就会自欺。说应该行善吧!却不肯行,等待明天、将来,或者原谅自己不能做。说应该止恶吧!却不能止恶,而总是把自己的过失推向外面——别人不好,环境太坏。这种自欺,由于缺乏真诚的意欲。没有诚意,也就没有"至诚无息"的不断向上努力了。

佛法依正见而起的学次,也是一样。如佛说的八正道中,正见以后,就有正思惟(或译正欲),就是审思、决定而要求实践。这依内心的思欲而表现出来,八正道中是:正语、正业、正命。正语是语言文字的如法;正业是身体行动的如法;正命是合法的经济生活。这表现于外的戒行,由内心的正精进来策动,精进是止恶行善的努力。依经论的分析,精进是:一、没有生起的恶心,要不使它生起。二、已生起的恶心,要断除它,勿使它继续下去。三、没有生起的善心,要使它生起来。四、已生起的善心,要使它不失,使它增长。这种止恶行善的精进,由正见、正思而引发出来,强而有力。正像《大学》说的:"诚其意者,毋自欺也。如恶恶臭,如好好色。"精进的止恶行善,时时警策自己(约不自欺说,名不放逸),使为善止恶的意欲,大有不得不止、不能不行的情况。所以经上说:见小罪而生大怖畏,见微善而生大欢喜。修学到心行如此,才可说诚意,或说精进不放逸了。

依《大学》所说的诚意,应该有止恶行善的表现。止恶行善,本可说人人都有过此心的,却大家都不能完满地实行。儒者说:致知的才能诚意。说明还嫌简略。如应用佛说的心理分析,这有"信为欲依,欲为勤依"的次第,也就是诚意的心理过程。有正见而成立信心的(致知),那一定会引起实现的欲求;唯有内心的坚强信愿,才能策发自己去努力实行。为善止恶的力量来源,要从这里面去发掘出来。

诚意的学习,《大学》揭出了慎独功夫。理论是:你在无人处做了不善,以为没有人知道,总想掩饰起来,可是大家看得清楚不过,怎么也掩饰不了。所以说:"人之视己,如见其肺肝然……故君子必慎其独也。""十目所视,十手所指,其严乎!"因此,不但不可彰明地作恶,连闲居独处,也还是放逸不得。丝毫不可不善,做到表里如一才得。能这样的慎独,就能诚意了。这种功夫,或称为居敬(时时警策不放逸,如临深渊,如履薄冰,戒慎恐惧的功夫)存诚,非常有意义!儒者应该有功夫做得很好的!但佛法的理论与方法,更有效率。为什么不可"闲居为不善"呢?《大学》说:因为是瞒不了人的,人人的眼睛是雪亮的。但事实上,尽多的非法,逃过了法律的处罚,也避过了舆论的制裁。古人有诗说:"周公恐惧流言日,王莽谦恭下士时,若使当时身便死,一生忠佞有谁知!"人心难知,甚至有"海枯终见底,人死不知心"的慨叹。一般人总觉得有些是可以掩藏起来的,所以但凭瞒不了人的理由,来做慎独诚意功夫,不但力量不强,而只能为少数人说法。依佛法说,我们的一举一动,一善一恶,当下就留下业力的熏习,可说是录下了录心带(通俗地说,有俱生神,一一地记录在簿子上)。善恶一定有报,无可躲避,无可掩饰。什么都可欺,还能欺自己吗(其实,无意识的错误,都有某些不良影响)？所以，佛弟子止恶的诚意，不是怕人知道，而是自己知道了就感到忧悔，所以不敢覆藏(隐瞒)，立刻要忏悔。这样的随犯随忏，时时保持清净，精进行善，心地就自然纯净起来。这有心理学的根据，在宗教信仰中强而有力，而且是多数人可以因此而止恶行善的。

儒者说，别人会知道，这是局于人伦道德的立场。若在宗教的领域内，那就是列祖列宗会知道，天神知道，地祇知道，佛与菩萨知道。杨震说："天知，地知，汝知，我知，何谓无知？"这就是有了天神、地祇的信仰，而能够不欺暗室。西人相信上帝知道，耶稣知道，也有同一作用。依佛法说，十方诸佛与大地菩萨，悉知悉见，什么都知道，自己的起心行事，什么都显露在佛菩萨前，怎么可以无惭无愧地作恶呢？不善心起了，怎么可以覆藏，不赶快忏悔呢？但佛法与神教不同，忏悔、不敢行恶，不是怕佛菩萨来刑罚我，而是确信不善心行的生起、不忏悔，一定要受因果律的决定，堕落受苦，没有人能代替得了。在清净庄严的佛菩萨前，越发感到惭愧，见贤思齐，而增一番力量，使自己力求清净，慎独诚意。佛法的戒行清净，是从身语的如法，推究到起心动意的清净。在三宝加被、佛菩萨护持下，谨严戒行，忏悔清净。这应该比上帝知道，更为合理；比起别人知道，更为有力！

五　正心(定成就)

依诚意所成恶止善行的戒学，进一步修定，原是顺理成章，容易成就的。因为心地善净，虽是散乱，也如池水的微波荡漾，很快的就会安定下来。没有诚意的，思想不正，动机不纯，行为邪僻，内心动乱得波翻浪涌一样。如想修禅定，那就难怪不易成就；有的反而会颠倒错乱，失心入魔。所以戒为定学基础，如经所说："戒则不悔，不悔则心乐，心乐则得定。"

诚意而后能正心，正心就是定。先从字义来说：梵语"三昧"（三摩提），意译为"等持"，也译为"正定"。正就是等；正定是平等持心，不浮不沉，不昏不散……。又梵语"质多"，意译为"心"，可泛称一切心理现象，重在心理的统一性。心的特殊的意义就是定，如三增上学的定学，名为"增上心学"；心是"定有七名"的一名，修心与修定的意义相同。这样，说"正心"就是平等持心的定，决非附会的解说。

再从内容来说：一、心不正就是心不定。什么叫心不正？《大学》举出了"身（心）有所忿懥"，"有所恐惧"，"有所好乐"，"有所忧患"，心就不能得其正。这只是重要的举例，佛法说得更详明些。佛说：心要离五盖——贪欲、嗔恚、昏沉睡眠、掉举恶作、疑，才能得定。一般的心识活动，佛法称之为"欲界心"。它的特性，是嗔恚与爱乐五欲的贪欲。离了这，才能得定——得正心，名为得"色界善"。可见《大学》的好乐，是对于色声货利的爱著，忿懥当然就是嗔恚了。我们的情绪，经上分为五受——苦、忧、喜、乐、舍。如能得正定，那就一定没有忧与苦。忧受，苦受，及五盖中的恶作——悔（悔必有忧苦，热恼或恐怖），就是《大学》所说的恐惧与忧患了。必须离去这些，心才能正能定；这是《大学》所说，与佛说的定学相合的。

二、"心不在焉，视而不见，听而不闻，食而不知其味"：这是正心——定的描写。我们的心，除了熟睡、闷绝等而外，意识在不断地活动。意识是常与眼、耳、鼻、舌等五识相应，成为见色、闻声等作用。修定是摄心而不使它向外驰散。学习到心能安住时，纯意识的内在活动，代替了与五识相应的意识。约世俗的道理说，这是由于自心的暗示自己，使自己的视听等神经末稍，减退或暂停作用。也就是心依意根，心缘内境而不向外，不在眼、耳等五根上转，这叫"心不在焉"。那时，心于内住，明彻宁静，就有视而不见、听而不闻的定相现前。说到修定，有"依坐修"、"历缘对境修"二类，但修习的不免偏重。重于坐中修的，会得到更深的定。定心深起来，连呼吸、脉搏、心脏等活动都会停止。十天半月中（可以更久些），不动、不起、不食、不便利，哪怕雷轰山崩，也不会感觉。如在行住起卧、语默动静中修，叫"历缘对境修"，六祖以下的禅者，都着重于此。修习到在一切生活中，随着大众，起身、吃饭、搬柴挑水、来去出入，连自己在做什么都不管，只是心念成片，蓦直的这么一念万年去。旁人看来，"兀兀腾腾"（现在叫"呆瞪瞪"），而内心却净念不动。这不是不视不听，只是无关心地瞥然过去，不加分别。实在说来，这是五俱意识的一味相续，还不是不见色、不闻声的"定中意识"呢！古代禅者在彻悟以前，都曾经历过这样的定相（定前）。由于偏重的不同，中国禅宗行者，定心不及印度禅师的深切，但活泼泼的禅风，不会陷入枯寂的禅行。儒者的正心，也是属于动中用功的一类。

孟子有一番"养气"功夫，"至大至刚，……塞于天地之间"，这是定的一种境界。也许汉儒失传了，宋儒又专在语录禅悟中求消息,缺乏定的经验,也就不能充分明了这回事。"养气","守气",与不动心有关。不动心是心志坚定,不会因思想纷杂,情绪冲激,得失存亡,而疑惑、忧悔、变异。孟子称此不动心为勇,是可从不同的方法来达到,而内容的浅深不一。如孟子所举的北宫黝,他是不管对方是谁,王公诸侯,在他的心目中,也是"你是什么东西"! 以轻视鄙视一切的方法,养成一往无前的勇气。孟施舍的方法不同,他是"视不胜犹胜也"。最后胜利,终归于我。不问成败,总之是"能为无惧而已矣"。曾子的勇,就不像那种武侠气派。如自己不对,就谦退柔和;如确认为合法合理,那就"虽千万人我往矣",勇气从理直气壮中存养得来。形形式式的不动心(宗教徒的临终心念不乱,不怖不畏等也是),都是心志坚定,坦然无畏。而这不动心的修得,孟子与告子就都与气有关,孟施舍的勇,孟子也称他为"守气",这可见不动心与养气有关。

养成坚定的勇气,方法不同,浅深不同,迟速也不同。北宫黝、孟施舍,是武侠派。如日本的武士道,在切腹时,有的要能做到:在腹破肠流、血尽力竭时,保持心不惊怖,身不动乱,神智清明到死去。儒家与佛弟子的不动心,当然是不会以此为理想的,但也能做到,而且更高的境地。说到迟速,这与个性及身心有关。学习同一方法而求心意专一不乱,有的一天二天,有的十天半月就能成就;有的三年五年,还没有上路呢! 大抵意性怯弱的"痴行人"(什么都没有决心,什么都鼓不起劲)、思想纷乱的"寻思行人"(大都患有神经衰弱症),学习就困难得多。告子的修成不动心,比孟子早些,儒者就推论出一番道理,以为是方法问题,实在并无根据,与修习的实际经验不合!

孟子说性善,荀子说性恶,告子也说性,但说性无善不善。孟子说仁义;告子也说仁义,但说仁内义外。孟子得不动心,知言,养气;告子也得不动心,也说言、说气。可见告子与孟子是相近的不同学派。以不动心来说,重要的不同原因,是告子的"仁内义外"说。孟子以为:"仁,人心也;义,人路也。""仁,人之安宅也;义,人之正路也。"仁义都是"根于心"的,"我固有之",所以说在内。但告子以为:仁爱是"以我为悦"的,是适合自己的自然情感而产生的,如敬亲爱兄弟,可以说在内;义是适合社会关系而决定的行为轨范,如敬长等,所以是在外的。

由于仁内义外说的不同,所以告子修得不动心的方法,也与孟子不同。告子的方法是:"不得于言,勿求于心,不得于心,勿求于气。"言,是舆论、学说,以为应该这样那样的。对于这些——言,告子以为,不能凭主观去判断,而应从外在关系中去审定它是否合宜,怎样才是合宜——义。在没有获得确定——"不得于言"时,就不可探索引发(求)内心,而作出主观的决定。对于这,孟子完全反对他说:"不得于言,勿求于心,不可!"因为孟子是主张义内的,所以言的是否合宜,如不能辩论明白,尽可反求其理于心;本着主观的道德标准、行为轨范去审决它。反求于心就可知义与非义,怎么可说"勿求于心"呢! 告子以为:心(志)是心理决定的主动倾向,气是见于行为的动力。如内心还不能决定,就是理不得,心不安,这是不可轻率的,探索引发(求)行为的动作,所以说:"不得于心,勿求于气。"这点,孟子以为还可以。依上来的解说,告子是:一、多探讨外在的是否这样,应该怎样。要有客观义理的强力支持,加深信仰,才决心去实行。二、告子是不会轻率地动心、动气,使心与气常能保持安定。如依客观义理,推动心去实行,那就心到气到,全力以赴,绝无变悔犹疑的余地。告子也是依于理直气壮,但着重义外,依此修习而成不动心。告子所说的话:"不得……勿求……",上下语法完全一样。可是古人的解说,却上下相反。如朱子说:"告子谓于言有所不达,则当舍置其言,而不必反求其理于心。于心有所不安,则当力制其心,而不必更求助于气。"所以批评告子为:"殆亦冥然无觉,悍然不顾云尔!"但这是上下矛盾的解说,因为,如"不得于言"被解说为"当舍置其言",那"不得于心"就应该解说为"则当放舍其心"!既解说"不得于心"为"则当力制其心,而不求助于气",那么"不得于言"为什么不解说为"则当力推其理,而不求理于心"?上下文的语法一致,而解说得上下相反,这是难于使人同意的。而且,告子是"义外"的,如不得于言,就舍置其言,那怎么能构成行为的标准,怎么知道合于义而决心去行动,不疑不悔而不动心呢?近见徐佛观先生新说,也是将语法一致的上下文,作完全不同的相反解说。大概是:告子的本意所在,儒者并无解了的兴趣;只是将当时盛行的禅宗,拿来比附一番而已。至于孟子,是一位唯心论者,对言与气,都是从心本的立场去处理的,所以说"我知言,我善养我浩然之气"。孟子是义内的,所以不一定要探求言的时代性,社会关系的决定性,尽可照着内心自觉的义理标准,来作主观的判断。先有了义理的标准在心里,对于那些言,真好像是非分明,一目了然的。这是本着自心的义理去"知言"的,所以认为如不得于言,那就反求于心好了。孟子的养气，也是本着自心的性善去"养气"，似乎修习得比告子要高深得多（这只是想像，因为告子对于气的修养，并没有说明传下来）！

孟子说到"守气"，"养气"，"平旦之气"，"夜气"。气在后代的儒学中，是说得不大分明的，所以先来介绍一些佛法的说明，来帮助这一问题的了解。气，佛典中称为"风"。风是什么？是一切成为活动的因素。在人身上，呼吸是不消说了，就是血液循环，便利排泄，筋肉活动，新陈代谢；或"上行"，或"下行"，或"旁行"，都是风。而最根本的，是物质存在的特性。最特出的，是呼吸，也叫做"息"。呼吸由口鼻出入，是肺的作用；但呼吸的根源，在脐下（中国人称为丹田），这是古今中外的修验事实。关于风的说明，一、从特性的分析来说：风——轻动，为物质存在的特性之一。在人身中，系属于根身（生理的）；但非常微妙，可说是介于身心间的。如呼吸，依身而活动，也依心而活动。由身体而引心，如外来刺激而起根身反应，促成心理活动。由心而动身，如依意思的决定，而引发身语的行为。生理影响心理，心理影响生理，风便是处于中介的地位。又如健康的身体，就有健康的呼吸。如呼吸存养合宜，风力增强，身体也会强起来。道家的吐纳、胎息等，都不外遵循这一原则。对心来说，呼吸粗浮，心也就粗动；呼吸安和，心也就安和。反之，心动乱，呼吸也粗动；心安定，呼吸也就细长安和。心与息，有不同的特性，却有密切的相互关系。由于风——息为身心相关的要点，所以修风（即修息）为定学的重要项目。但也有不同的修法：有的不注重呼吸（不是完全不问，调息是修定的先决条件），着重系心观想，心如安住了,呼吸自然会调柔。有的从呼吸下手,如"安那般那"。但如息细长安和,心也会跟着定下来。有的以心调息,以息安心而修。二、从相关的内在来说:差别的现象界,有着无碍相通的内在性。如说"六大(地,水,火,风,空,识)无碍常瑜伽"(瑜伽是相应的意思)。心与息(风)是相应的,所以有的说:心动时有动息,心静时有静息;心怒时有怒息,心欢喜时有喜息;心善时有善息,心不善时有不善息。心与息是相应的,简直是同一内容的不同显现。由此,修心或修息,终归一致,从心息相依,到心息不二。如向于善,纯善的心,就有纯善的息,身也成为善净的了。

还是来说孟子的养气吧!孟子的养气,当然与佛、道等不尽同,但不能说没有共通的部分。一般外向的,老是向外驰求,当然不知道。如重视德性、身心的修养,有安静的思择,达到心志专一,那就不问古今中外,都会体察到气息的胜妙。"至大至刚"的"浩然之气",孟子所说的,也不外乎从修验中发见出来。首先,孟子说:"气,体之充也。"口鼻等气息出入,这是人人都知道的,但专心致志的真的能住心不散,一旦"风道开通",就会觉到:一呼一吸间,"息遍于身",气息氤氲,无处不到。孟子那个时代,学者都有类似的修习。如老子的"专气致柔";庄子的"真人之息以踵",更说出了气达全身,贯彻足跟的事实。有了这种经验,才知道气充全体,而为身体行动的力量来源。

孟子的不动心,从养气得来,方法是"持其志,无暴其气"。志,是"心之所至"。孟子说"必有事焉",心一定要有系着处,如止于仁,止于浩然之气。持心于此而不散,与佛法的"系心"、"勿令驰散"一样。气呢,孟子说要"无暴",这是呼吸的安和调

匀（身体的自然安和）。依孟子说，虽然"志帅焉，气次也"，心志
居于领导的地位，但不能单是专心致志，偏于养心，还要养气。
因为"志壹则动气，气壹则动志"；动是引发的意思。不但心志
专一能引发气，心到气到；气息如能专一，也是能引心的。心与
息有相互关系，所以不但是养心，而且要从养气中来成就养心，
得不动心，这与佛法所说相同。以息修心，本是修持经验所充分
证实了的。至于说："今夫蹶者趋者，是气也，而反动于心"，不
过举一显见的事例，证明气能动心，以说明持志以外，还有养气
的必要。

孟子是心息相应论者，如说："其为气也，配义与道，是无馁
也。"气是与义理相契应的，心是固有仁义的，气也与道义相应，
本是至大至刚而无馁的。在这点上，孟子与告子完全不同。孟
子是义内的，所以与道义相对应的浩然之气，是"集义所生者，
非义袭而取之也"。袭取，是从外在的事物，得出合宜的义，这
样的义是外铄的。依此而发为行动，即使认为是合理的，也由于
义在心气以外，不能成为唯义所在的大勇。佛法说，"心"是"积
集滋长"（集起）的意思。所以孟子的"集义"，可解说为滋长于
心而生的义。由此固有仁义的知，引发与道义相契应的气，所以
能至大至刚，没有丝毫的虚馁，而表现出最高的勇气。如或基于
亲族爱而作的战斗，或仅因严格的军令而作战，那种勇气的程
度，是完全不相同的。所以孟子批评"告子未尝知义"，而不能
赞同他那种不动心的修养法。

与道义相应的气，是固有的，所以不是怎样的使它发生，而
是怎样的使它长养——"养气"。依孟子的比喻来说，萌蘖也是

木,森林也是木。牛山濯濯,不是没有木,而是不知道养,伤害过甚了。只要保养它,让它得到合理的生长,就会林木茂盛起来。因此,孟子的本有说,不是什么都完成了,而是具体而微。在生生不息(这是儒者的见地)的机运中,存养而使它成长,本具仁义的良知是这样,浩然之气也是这样。但为什么会损害呢? 因白天的接物应事,不能格物而"为物所引";良知梏亡了,与道义相应的浩气也消散了。这样,夜晚的睡息,就是休息长养的时机。的确,一早醒来,身体也轻健些,心智也清明些,呼吸也调和得多。初醒时,不但身息安和,心识也多起五俱意识,分别心不强。声色货利、恩怨是非等杂念,也还没有丛集地涌上来。有时直望外界,好像近在目前,连空间的距离也不大明晰。这种有漏现量的五俱意识,大抵是善性;重视身心修养的,都会利用这种心境。道家或佛法,都说从半夜到早上,是修持的最好时机。孟子也说,那是夜气长养,而平旦之气,还没有大损害的时候。在那时修心养气,确是比较容易成就的。孟子所以提到夜气、平旦之气,无非是由于养气得来的经验。

孟子对于养气有稳妥的方法,就是"直养"——顺其自然而得合理的长养。他提出了"必有事焉,而勿正心,勿忘,勿助长也"的扼要方法。这段文句,古人有不同的句读。有的说,勿正心,就是勿忘二字的误写。这方法的主要条件是:一、"必有事焉",无论是致良知,养气,都要心有着落,止在事上。二、"勿忘",即佛法的不忘念。要念兹在兹,念念不离所缘,不能忘失而驰散到别处。三、"勿助长",任其自然地长养,不可性急,矫揉造作。如心住一处,心会渐渐地安定,切勿过于压制。息会渐渐细长，也不可勉强。孟子不像深修禅定的人，对于调心调息有种种巧妙的方便，而只是一任自然，系住一处而已。这也许平庸一点，但却毫无流弊。

孟子不动心的特长，胜过告子的，就是养气。但他不是为了身体健康而养气，而是从心——良知的长养去养气（与本着内心的义去知言一样）。孟子所养的气，赞叹为"难言也"、"浩然之气"。难言，是妙不可说的意思。浩然，就是"至大至刚"。至大是遍一切处；至刚是充满了力量，什么都不能阻挠它。一般人觉得，气是微而无力，这也如牛山濯濯一样。如"直养而无害，则塞于天地之间"。塞是充塞充实，无馁无欠。孟子从养气中经验到：不但气遍全身，而且充塞天地间，可说与宇宙万物呼吸相通。这种浩气的修验，与良知格类有关。致良知与养浩气，是相对应的。由于良知的类推扩充，达到仁心普洽，没有一人一物，不在仁心的化育中。与此相应的气，也就达到充满一切处。仁心普洽与浩气充塞，为孟子修养生活的一体两面。如拿佛法的修持来对比，孟子的养良心与养浩气，近于"无量等至"（佛法别有风遍处，修到遍一切处都是风——气。但那是为了炼心自在而修习，与孟子的养气不合）。佛说的世间定法，劝一般在家人多修习的，是慈悲喜舍——四无量定；特别是慈心定（梵语"三摩钵底"，译为等至，是定的一类。慈悲喜舍无量定，称为等至）。修习慈心等，渐渐地广大，广大到于一切世界、一切众生而起慈心，所以叫无量。这与儒者的扩充仁心，大致相近。但这不是散心的推想，而是在定修习。如儒者在止定静安（得定）以后，再作类推的思虑抉择。成就了定，自有气息遍身等经验。依此再修发慈无量等,慈悲等无量,息也就无量。依此而得不动心的大勇,是一点都不会错的。得定的,得"堪任性",涌出"身精进、心精进"的无限力量;何况仁慈心相应呢! 孟子由于这样的养气,达成不动心的大勇。依佛法说,无论是求放心,养浩气,都不过是世间法。但孟子到底有过浩气的修养,不像后代儒者,止于说性说理而已。

六　修身(慧成就)

现在要说到修身了。上面说过,道学的修习次第,儒佛是大致相近的。如从致知、诚意到正心,与佛学的(依正见)成正信、修正戒、得正定一样。现在依正心而进到修身,也等于佛法的依正定而修慧。到此,净化身心的自利工夫才能完成。修身与慧学一致,这是需要说明的。请先从《大学》的修身说起。

什么叫修身——修治自己?《大学》从反面说——这样就不能修身:"人之其所亲爱而辟焉……之其所敖惰而辟焉。故好而知其恶,恶而知其美者,天下鲜矣!"这是什么意思呢? 简单地说,自己有了积习所成的私见,为习见所蔽,就不能如实了达一切。修身,要不受习成的私见、僻(辟)执所蒙蔽,如实了知一切;能如实了知一切,才能恰好地处理一切。我们面对的一切人中,原有可敬畏的,可亲爱的,可厌恶的,可哀矜的……如应敬畏的敬畏他,应亲爱的亲爱他,恰到好处,不太过不及,这就是修身,可说是"发而皆中节,谓之和"了。可是人都不是那样的。如对于敬畏的——自己所敬畏的,就被敬畏所拘蔽;所亲爱的,就被亲爱所拘蔽。有了拘蔽，如敬畏得过分，就会忽视不值得敬畏的地方。就是见到了，也不敢说；或者还要为他文过饰非。又如自己的儿女，是人人所心爱的，就被爱拘蔽了。谁也以为自己的儿女好；如与邻居的小朋友争吵等，做父母的即使知道自己的儿女不好，心里还是在怪别人。所以《大学》引俗语说："人莫知其子之恶，莫知其苗之硕。"这就是不能修身的问题所在。人，都是自我中心的，总是以主观去认识一切，决定一切，处理一切。只要是我的——我所敬、我所爱、我所哀矜的……便不能不偏僻固执，不能如实了知一切；因而判断是非，应付人事，都不能恰到好处。人都是这样的不能修身；不能修身而又要治人，也就难怪世局如麻，不能齐家治国平天下了！这里所说的身不修，与上面说的心不正不同。有了贪欲、嗔恚等（依《中庸》说，是不能中节），心就不能平衡宁定，叫心不正。有了固蔽僻执，心就不能如实了知，不能君君、臣臣、父父、子子，叫身不修。

再从《中庸》与《论语》来说，《中庸》说："修身以道，修道以仁。""斋明盛服，非礼不动，所以修身也。"从这可以知道，修身的内心是仁，修身的行为是礼。但《中庸》又说："知斯三者，则知所以修身。"所以修身以道，道不但是仁，而是以仁为本，其实含有知与勇——三达德的。这与《论语》对读起来，意义就非常明显。如《论语》说："克己复礼为仁。……请问其目？子曰：非礼勿视，非礼勿听，非礼勿言，非礼勿动。"克己，就是修身。修身的方法是复礼；能克己复礼，就是仁的实践。《中庸》与《论语》相同，差别在《中庸》说修身，而提到仁与礼；《论语》说为仁，而谈到了克己与复礼。

　　修身的内在是仁，表现于外行是礼。仁与礼，是儒者的大本。在古代儒者的见地中，仁是人与人（仁就是二人）间的同情；礼是人与人间的合适行为。礼，虽是因时因地而有损益的，但认为是人与人的适合的关系方式，为社会所应共同遵守，有轨范人心，而使人类——家国天下，达到和乐与治平的。同时，人是有亲疏，有爱恶，有喜怒的，也唯有礼，才能轨范人情，而使他适中的。所以《论语》说："礼之用，和为贵。"和，不外是喜、怒、哀、乐的中节，君臣、父子间的各尽其分。所以在儒学中，礼是有着非常重要的地位。人的一生——生、冠、婚、丧葬，以及在家的孝亲、友兄弟，在乡的敬长，在国的事君：有关政治、军事、祭祀，可说一举一动，都被纳入礼法的范围。如做到视听言动，一切合于礼制，那就是孔子所说的克己——修身了。为什么说"复礼"？在孔子看来，当时社会通行的礼仪，从王室、诸侯到士大夫，都是乱七八糟的。不是太过的僭越，如季氏的"八佾舞于庭"；就是不足，如短丧，有些更是失去了。孔子景仰于西周的文明，不满春秋时代的礼制崩溃，所以以古礼为教（有的说他托古改制）。他还说："先进于礼乐，野人也。……如用之，则吾从先进。""礼失而求之野。"要人的视听言动，依西周古朴的礼法而行，就是复礼。

　　礼为维持社会关系于合理的、节制人类情感于适中的制度。礼虽由国家（天子）制定，却不像刑与政，以权力来强制执行，而只是化民成俗。无论是私人生活，公共关系，都造成一种社会的共同意识，觉得那是人人应该奉行，而成非此不可的社会制裁力量。如不依礼俗，就会受到社会大众的抨击。依儒者看来，善良的礼俗使人做到人类和乐、情感适中,比起刑政的统治成功,要高明得多! 但礼制一经流行,便形式化、教条化。不是守旧而拘泥不通,就是虚应故事,繁文缛节,奢侈浪费,成为社会的陋习。不知道善良的礼制,是要本于人的仁心,而表现为人情中节、人类和乐的方式。如只是奉行故事,而没有人类和乐、人情中节的内容,那有什么意义呢? 这点,孔子说得明切,如说:"礼云礼云,玉帛云乎哉!""人而不仁,如礼何!""为礼不敬,居丧不哀,吾何以观之哉!"

儒者的学本是"仁";从立志起,修学历程,始终重于德性的存养(与此相应的政治,也是情胜于法的)。一方面是,充此人同此心的仁德,做到常与仁相应的"不违仁";一方面是,视听言动,居家治国,一切合于古圣的礼制。依于仁,复于礼,才能达成修身的自利。修有修正、修治的意思,所以修身就是克己,克也就是克制、克治。人,虽被孟子看作性本善的(孔子说"性相近"),但实际是,人心的内在活动,到表现于身语的行为,从来都是不完善的。如不问一切,率直地照着自己的性情做去,那无论是从个人德性,或从社会的和乐着想,都是要不得的。所以不妨说"率性之谓道",而又不能不说"修道之谓教"。虽应该遵循本有的善德去做,也不能不修治克制己身的过失。应修应克的,是一切不道德的,不能符合人类共同利益的一切,儒者统称之为"私欲",多少推究到根本上。所以与仁相反的,不只是残暴、冷酷、仇恨等不仁,而说是私欲,这与佛法是更接近了。再回过来看《大学》:为什么不能修身? 只因为:"人之其所敬爱而辟焉……之其所敖惰而辟焉。"辟是偏僻、固蔽。依于自己而起私蔽,这才不能明达是非、好恶,而有不仁非礼的行为。所以依仁复礼的修身要旨,在乎没有偏私固蔽。《论语》说:"子绝四:毋意,毋必,毋固,毋我。"孔子的绝四,正显出了依仁复礼,一位完美修身者的心境。意是想当然,自以为应该如此。必是必然,自以为一定如此。固是固执,非如此不可。我是自己——自己的意思,自己的利益,总之,自己高于一切,一切非依我属我不可。如有此四病,还能与仁不相违吗?还能视听言动合于礼吗?自我中心的情见,一定是偏僻而不当中道的,固蔽而不契真理的。如不能绝此自己的私蔽,就不能克己——修身,当然也就不能居仁复礼。这点,佛法更深彻的决定宣说,除了通达无我,离去我见(或译身见)为本的烦恼,是不能成就自利的。

　　《论语》有一段文,可看出孔子(绝四的)无私的实践。如说:"吾有知乎哉!无知也。有鄙夫问于我,空空如也,叩其两端而竭也。"一般的病根,是自己心里充塞了无边的情见——意、必、固、我,不能虚心到"空空如也"。孔子绝四(应该是伏灭吧),不存成见,不先入为主而以自己的意见为意见,所以说"无知也"。不要说哲人、大学者,就是鄙夫来问(问也就是问难),也还是那个态度,如佛法所说的,"虚心应物","洪钟待扣"那样。然孔子并不曾跟着别人舌头团团转,反而是从他所问的种种方面(两端),推究审辨,而到达究竟彻底。孔子虽说"无知也",而其实这才是大知!这与《中庸》所说:"舜其大知也欤!舜好问而好察迩言(迩言,就是鄙近之言)……执其两端而用其中",同一意趣。肇公说:"以中为名者,尽其实也。"中是究竟尽理的真实,是无私的大知所能彻了的,近于"不落两边,善处中道"的慧学。后世儒者,偏于仁本而重人情,这才中庸之道流为模棱两可或折扣主义。

从上来的论证,大学所说的修身,似乎简单,却非常扼要。修身是要依于仁,复于礼的;但心要却在无私无蔽。孔子叹舜为"大知",是最确当的! 因为无私无蔽、不落两端的中道,正是慧学的内容。

儒者以仁为本,但真要"复礼"、"为仁",修身克己的切要工夫,却在无私蔽的"大知"。佛法以"三菩提"——正觉为宗,也就是大智为宗。唯有知,觉,才能成就修身。从成就自利的修身来说,要有无私蔽的大智慧;这不但佛如此说,重仁的儒学,也还是如此。不过一分小乘学者,由于不重视慈悲,而流入枯寂的理智生涯。一般儒者偏重仁德的存养,忽视了甚深法性的悟入,结果就老是停滞于世间善行的阶段。唯有大乘法,依深智而起大悲,悲智兼融的大觉,才完美地开显了究竟的修身正道。

无我的平等大慧,为佛法所以超越一般世间学的特色。有关于慧的正见,如前正见中所说:从知善恶起,解了到三世因果,了达世间的现实相,确立人生进善的正道。进一步,深入到三乘的慧学,抉示了我见为生死的根源,为世间一切苦难的症结所在。如果说私欲,这是私欲的根本了。依佛法说,为什么会有私欲,或一切烦恼? 这都由认识的迷谬——无明黑暗而来。因此,除了慧光的勘破,得到如实的知见,是不能解决问题的。上面说过,一切是缘起的存在,是存在于前后延续、同时依存的因果系列中。可是我们的认识,却并不能如此。在觉到自己,觉到与自我相对的一切时,先是片段的、孤立的、静止的感知;而后经意识的推比,才组成一般的知识。这所以虽发现有相关的、变动的意义,而那种孤立的、静止的错乱觉识,始终是潜在于一切的知识中间。因而我们的一切了知,都带有错乱的成分。特别是在触对一切时,特出于一切的自我意识。在直觉中,不能觉了自己与相对境界的依存关系;就是自己,也不能直觉到这是身心的总和,而有前后相似相续(无常),自他依存(无我)的因果性。甚至在意识的认识中,将自己实在化、独立化、永恒化(这是神教徒说灵说我的认识来源),成为错乱颠倒的我见。我见,梵语萨迦耶见,应译为身见;这是执取自身(身心)为实我的。由此而有我的爱染;摄取有关的一切——我所,而又分别取舍。这一自我中心的实在感,是世间一般认识、一般行为所不能离的。也就因此,就是世间的善心善事,也不离我见的控制,不是完善的。这唯有正观缘起的大慧,通达无我,才能超越自我中心——私欲中心;才能无私无蔽,彻见一切真相,成就修身的自利功德。

众生无始以来的我见,执取身心,造成自我中心的特性。这是无明——迷蒙的知,为一切烦恼、不仁、私欲的根源。佛的正觉,就是破除无明的大智。说起无私无我,世间学者——儒学等,也有部分类似的提示,如说"毋意,毋必,毋固,毋我"。但世学者,就是儒学,也总是向外观察,见到自己与人类万物的依存性。或在幻境、定境中,觉到"天地与我同根,万物与我并生";"万物皆备于我"等。因而推演出一本的哲理,仁慈的道德。但都不知道,私执的根源——我见,却在执取自己身心的实在感。不能内观身心的无我,所以说仁,说博爱,不出乎自我中心的扩展(一般叫做大我)。这虽然是难得的,但是不究竟的。从前,佛在过去生中是一位外道,名善眼大师。他修习慈心无量(也以此教人),生在三禅天。论地位,比创造神还高出多多,但没有彻底,时移势变,终归徒然。一般小乘学者,是深切理解这点,所以集中力量,内观缘起的自我身心,而通达空无我性。这才勘破无明我见,体达真如,而得身心清净的究竟解脱。这是超出世间一般的,是正确的!但偏重自己身心的内观悟入,多数不再去理会身外一切的缘起性,所以又不免有忽视慈悲的倾向。这还不能彻了佛说无我的究竟深义,略于慈悲,所以被称为小乘。

大乘慧是比三乘共慧更深彻的。大乘慧,不只内观(自我)身心而通达无我,还更广泛地观察外在的一切法;内外一如,都是缘起的空无我性。所以"一切法空","一切法不生",为大乘慧学的宗本。向内执取的"我见",与向外执取的"法见",错乱的性质是一样的,都是"自性见",不能明见缘起,不能彻了无常无我的空平等性,或者叫本清净性。所以执取身心为自我的我见,在大乘法中,虽同样的确认为生死根源,但不像小乘学者那样,将自己从一切中分离出来,专于返照自我的空性。大乘是从内外、自他、身心的一切关涉中,观一切为缘起性,而通达法界一相的。大乘是从无限时空、无限人法的缘起幻网中,去通达空平等性。所以不只是向内为己的,而是内外交彻,能从甚深智证中涌现同体的大悲心。明白了这点,世间学、出世的声闻学、出世而入世的大乘慧学,所有浅深、差别,就可以清楚地分辨出来。

世　　间——向外观察,了解万化同体,重于仁爱。

声　　闻——向内观察,通达空无我性,重于智证。

佛菩萨——内外交彻,遍达人法空无我性,即智起悲,悲智平等。

修大乘慧学，是依定修慧，而到达现证无生，成就自利功德。这里不再去详说了。

如儒者的克己(修身)，一定是内依于仁，外复于礼。佛菩萨的自利究竟，虽是智证法性，但也一定是住于慈悲，而表现为持律的生活。律，一般以为只是禁戒的，其实佛教的律行，意义非常深广，与儒者的礼相近。律是依法(法是真理，是智的证境，与儒者的礼依于仁不同)而制订的，有轨范(出家众的)身心、陶冶品德、正法住世等大用。凡出家，受戒，集会，忏悔，奖励，惩罚，以及日常生活，一切都为律所规定。律的精义，也与礼一样的，重在"和"。大众共处的僧团(出家众的社会)，要怎样才能和呢？这要：一、思想一致，名"见和同解"。二、法规的共同遵守，名"戒和同行"。三、经济生活的均衡，名"利和同均"。这思想的、制度的、经济的和谐，都要依律制才能达到。有了这样实质上的和，表现于自他的关系上，就能(一)、和谐地共处，成为同一僧团，名"身和共住"。(二)、表现于语言文字，能诚实和合，名"语和无诤"。(三)、大家的内心，能互相关切友好，名"意和同悦"。大众的和乐，都表现于律行，而律是依法而制订的。所以凡真能于无我慧而有修证，也一定会符合于律行的生活。虽然儒者的礼法，重在差等，重在情感的中和；而佛的律行，重在平等，重在事理的恰当。儒者重仁，是以情统理的；佛法重智，是以智化情的。世间学与出世法，不能说没有实质上的差异。但从人以修身为本；修身的要内心无私无我，外行有良好的私德、公德，依此才能达成人类的和乐，儒佛的确是有着相同的见地。

七　成就利他的道次——齐家治国平天下

儒者经过致知、诚意、正心的学程，完成修身的自立自达；学佛者经过信、戒、定的学程，而达成慧证的己利。这两者的深度虽不相同，而修成无私无我的明智，作为利人利世的根本，却是一样的。说到利他，儒者分为齐家、治国、平天下——三阶。家国天下的现代意义，是家庭、国家与全世界。但在孔、孟的时代，意义却不一定如此。天下，是当时心目中的国际，而天子——王是天下的共主，如三代的统一。国，是封建的诸侯，如齐、鲁等。家是家庭，但又是大夫家，如晋有韩、魏、赵三家。孟子说："万乘之国，弑其君者，必千乘之家。千乘之国，弑其君者，必百乘之家。"国与家对举，家是属于诸侯，或属于天子的贵族，有领土与人民，有它的政治组织。如一个贵族（家），还不能治理自家的封土以内，他怎能治国？如诸侯而不能治理封疆内的国政，他怎能扩展而平定统一天下？所以在古代，齐家治国平天下，确实是有一定次第的。但到了布衣卿相、平民天子出现的时代，封国实际已等于不存在，而家更局限于非政治性的家庭。依后代及现代的意义，对于齐家治国平天下的次第，就会觉得不一定如此。如唐太宗不能齐家，弄到喋血玄武门；而武后、韦后以来，一直闹着女祸。然在安史变乱以前，唐代的国威远振，特别是唐太宗，总不能说他不能治国吧！所以齐家治国平天下的次第，在现代看来，虽不一定如此，而在古代的封建政制，却有它一定的程序。

儒者的大学，始终是政治第一，"学而优则仕"。所以自修其身,只是实现政治理想的应有私德,而目的是经齐家治国而达到明明德于天下。那些没办法而"穷则独善其身"的,也许是不能看作救人救世的。学佛者,要从自利而能利他,虽与儒者的精神一致,而利他的方式与次第,却与儒者不同。这一主要的差别,在乎佛法并不是"政治至上"的。依佛法来说,如发心利他,真能透过悲智去做一切,一切都是可以利人的。利人的事,什么工作都有意义,不像儒者那样,偏以政治为大人之学,而以农工商为小人之事。这可以举经典来证明:一、《华严经》中的善财童子,普遍地参访大乘善知识。这些善知识,以不同的身份而做着弘法利生的事业。除了宗教师——佛教的比丘、比丘尼,及外道的苦行僧而外,有语言学者,艺术家,精通数学的工程师,救济工作者,医师,国王——有重刑政的、也有德化的,制香师,航海家,法官,交际女郎,家庭主妇等。二、《维摩诘经》的维摩诘长者,他是适应不同的场所,从事不同的工作。他通达世间的学问,也修学异教的典籍;他做过当地的法官;经营农工商业;他参加政治活动,提倡学术讲演,办理教育;有时也出入淫坊酒肆。他不论从事什么工作,在什么场所,总是引导人趣向佛法,体达人生的真义。所以,他无往而不是救人救世,也就走到哪里,受到哪里人的尊敬。大乘行者的利他,不出于家国天下,而工作不偏于王公宰官或者教育。从现代的意义来看,这样的利人利世,是更确当的。

　　儒者重于家本位的德化政治,后代又多少拘泥了齐家治国,由亲近而疏远的次第。所以对利他的不定性,尤其是佛教的出家制,不能理解同情。依佛法来说,对于父母、兄弟、朋友,亲的疏的,就是不说过去生中的关系,现在也每因思想、性格等不同,不能一概而论。如对父母的忤逆不孝,当然是不对的。但对自己父母缺乏深厚的孝心,而非常孝敬妻的父母,并不一定是不好的。因为,这可能是由于爱妻过于父母而来,但也可能是岳父母的性格更适合于自己;或者岳父母更爱护、更扶助了自己,而自然地生起孝敬心。又如不能友爱自己的弟兄,依儒者说,不可能爱朋友,否则,就被批评为悖德。然而事实上,对自己的弟兄不友好,而对志同道合的朋友,却不妨非常友好。这正如老教师不能教好自己的儿女,却可能教育了多少好学生。我们知道,人与人间,不仅是血统的自然关系,更有种种复杂的关系。说恩德,也有不同意义的种种恩德。何况人与人间,过去生中,有着或顺或逆,非常复杂的因缘呢!所以道德的扩展,利他的层次,是不应该拘泥于亲疏次第的。

家国天下的次第是存在的,但也是不定的。有的着重家庭,有的着重国家,有的着重人类、一切众生。人的根性不同,思想不一,所以志业的着重,也不能一致。儒者重于家庭,特重对家庭的责任;把孝父母看作最先与最要的道德。家是社会组织的基层,虽是非常重要的,但过分偏重,也就不免有专为荣宗耀祖、爱护妻儿着想,而漠视国家与全人类的利益。如偏重国家利益,也往往犯了忽视个人与全人类利益的偏差。过分偏重,都可能引起副作用,但由于志性及思想不齐,有特重的倾向,也是不能一笔抹煞的。如以人类、众生的利益为目标,而不局限于家庭及国家。为了除去家的负担牵累,而过出家非家的生活。这不但是佛教,还有天主教等;为哲学、科学而献身的,也大有人在。这焉能以逃避现实、"不孝有三,无后为大"的儒家思想去责难他!
学佛也不一定是要出家的,出家仅是根性适宜而愿意专心修习
佛法、弘传佛法的少数人。真心出家的,正是心胸广大,不拘于
家庭圈子,而愿为一切人类、一切众生而奉献身心的人。儒者囿
于传统的观念,不能理解同情,是很可遗憾的! 从前,阳明先生
在杭州,见一位僧人在坐禅。问他想念父母吗? 心里安不安?
结果,使那僧人还俗回家。这在儒者看来,阳明先生的问答,尽
了伦常教化的责任。然而,如有兵士在前线,问他想念父母吗?
心里安不安? 如引起他对父母家庭的忆念,开小差回家,这又该
怎么说呢? 在现实的国家制度、国家利益前面,儒者早已修正他
的观点,如"移孝作忠"、"大义灭亲"之类。只可惜还不能更进
一步,移家庭的责任而作为一切人类、一切众生而献身心的大业
而已!

　　儒者的大学,是着重政治的。佛法,由于释尊的放弃王位,
出家修行成佛,每被误会为学佛是应弃绝政治的,但实际并不如
此。现出家身而修学,以宗教师的身份来说法利他,只是学佛利
他的一种重要方式,而不是全部。以佛来说吧,释迦佛现出家
相,而佛的真实法身——毗卢遮那,却是在家相。这意味着在家
为佛的正常道,而出家(化身)是因时因地的方便道。而且,有
些佛土根本没有出家众,天王佛也是在家的身份。所以,佛法决
不以出家制而轻视在家,漠视政治。在大乘修学的过程中,《华
严经》与《维摩经》已明白表示了菩萨的政治生活。依大乘经
说,不但不轻视政治,大乘行者——菩萨多居于政治领导者的地
位,这就是著名的"十王大业"。在政治活动中,王——领袖是

更有推动政治的作用。一般人看作权力而发生争夺；儒者看作淑世利民的大道，而毅然以治平为理想（由于儒者以卿相自居，所以不敢作帝王想，而只想致君于尧舜）；佛法却看作福慧熏习的殊胜因果。王——政治领袖，在古代是世袭的，这虽然有的昏庸淫乱，祸国殃民，但也有他的福报，生在王家，不求而自然得来。如从臣宰而进登王位；或从平民而登帝位，如刘邦等；或者经民众选举出来的。总之，要有政治的智慧、毅力、组织力、感召力，知人善任，才能成功。这一切，不仅是现生的学识经验，也是往昔生中的福慧熏习。所以在菩萨的学程中，常常出任国家的元首。经上说：初发大心，修十善行的菩萨，起初是得"粟散王"——小王的果报；功德增胜了，得铁轮王报，这是以武力而统一南洲的大王。十住菩萨得铜轮王报。十行菩萨得银轮王报。十回向菩萨得金轮王报，统一四大洲。本着慈悲心来修菩萨行，利人的功德越大，福报所得的王权也越来越大。因为菩萨修行，一定要以"布施"、"爱语"、"利行"、"同事"——四摄法来摄导众生，也就必然与群众结缘，受到群众的信任与拥戴。这样，修身成就后，从事治国平天下的大任，佛法岂不是与儒家完全相合？只是佛法以为，不一定要从政才能利益人群而已！

儒者重视礼教的德化，轻视刑政的法治，所以说："导之以德，齐之以礼，有耻且格。导之以政，齐之以刑，民免而无耻。"然而在佛法，如当政者从慈悲心出发，那德化也得，刑政也得，全依现实社会情况的需要而决定。《华严经》中，多罗幢城的无厌足王，代表了严刑峻法的政治。妙光城中的大光王，代表仁慈的德化，与民同乐。相反的措施，收到了同样的治平成果，都是菩萨的利他方便。这可见佛教的政治观,是不反对刑政的。不独不反对刑政,也不废武力。如铁轮王,就是以武力而统一的。轮王治世的必备七宝中,除了理财专家的主藏臣宝而外,还有军事领袖主兵臣宝。而轮宝,与近代核子弹相像,从千里万里外飞来,使敌人立刻低头降伏。轮王也称法王,是以正法治世的。武力的目的,不是奴役掠夺,而是推行五戒、十善——正法的德政。经上说菩萨成就己利以后,更没有别事,只是为了"严净国土,成熟众生"而进修。严土熟生,无疑地含摄了齐家治国平天下在内。不但菩萨行如此,有的学菩萨而失败了——"败坏菩萨",由于慈悲利物的关系,也多得政治领袖的果报。不过这不一定贤明:有的贤明;有的善恶参半;有的是骄奢淫乱,误入歧途。如是恶王,这虽然是福业所感,对未来说,不免是罪业深重了!

　　凡修身成就而能利他的,儒与佛都是称之为圣人的。中国古代的圣人,如尧、舜、文、武等,古圣就是贤明的君主。后来,孔子也被尊为圣人(也被称为素王),而圣与王不必合一,这才有"内圣外王"的说法。但到底要怎样才称为圣人?《中庸》说:"圣人亦有所不知……亦有所不能",这与一般宗教的全知全能是不同的。如说:"圣人与人同耳","圣人人伦之至也"。可见儒者的圣人,只是扩展人性,到达人性的最极完成——完人,不曾有飞跃的进化到超人的思想。怎样才算是人伦之至呢?《中庸》说:"不勉而中,不思而得,从容中道,圣人也。"《孟子》说:"始条理者,智之事也。终条理者,圣之事也。智譬则巧也,圣譬则力也。"所以,如知止于至善,向上进修,修习到不用勉力,不必作意,自然地合于人伦的至道,就是圣。这如射箭一样,不但知道标的,瞄准,而且功力足够,能射达目标,百不失一。《中庸》虽尽力赞叹圣人,说圣人能尽己性、尽人性、尽物性,而可以赞天地之化育;但从《孟子》看来,圣人也有种种不同,还有值得批评的地方。如说:"伯夷,圣之清者也。伊尹,圣之任者也。柳下惠,圣之和者也。孔子,圣之时者也。""伯夷隘,柳下惠不恭。"所以,修身完成的圣人,由于个性(也应该是见解)不同,风格是那样的差别,不一定是尽美尽善的。孟子的圣人说,是更合于人中圣者的。

佛教所说的圣人,比起儒者所说,可说是更宽泛的,又更高深的,更圆满的。儒者重于人伦,要进修到人性(天性,明德)的彻底开发,唯善心行的任运现行(天理流行,人欲净尽),才是圣人,这是不可多得的。但依佛法来说,这是难得的,却是不彻底的。因为经过修持,使内心纯净,杂染的不起现行;或者修习到"超作意位"——不勉而中,不思而得。这在定力成就,而又是"净定"的话,就能有此心境。如是修习四无量定,那与儒家圣者的心境,更为一致。不过这还不会勘破无明根源,定力衰退了,还是要生起杂染心行的。所以佛法从另一定义,作凡夫与圣人的区别。我们的心行,不问他性善性恶,总之是充满烦恼的。烦恼的根源是无明,以我痴、我见、我慢、我爱为主要的特性。有了这,就蒙惑而不能契会宇宙人生的真义,也就不能无我而有纯善的德行;既不能解开生生不已的死结,他就无限延续于生死死生的狂流,永远是愚痴的凡夫。在这生死漩流中,不要说人中圣人,就是天国的神,也还是糊糊涂涂地、不自主地生来死去。如能依戒定慧修习,修习到勘破生死根源,彻证无我性,才是圣人。这不是一般的善净心识的任运现行,而是无漏无我慧(也称空慧、无相智、无分别智等)的显发。有了这无漏智证的体验,才能截断烦恼的根栽。从此一得永得,决不退转,必然能到达无限的法性海,获得永恒的大自在。

有了无漏无我慧,彻证无我法性,就称为圣者。不一定有神通,还有烦恼现行,身语方面也不一定清净。比起儒者所说"不勉而中,不思而得,从容中道"、"从心所欲不逾矩"的心境,好像差得多,然而却是道地的圣人了。这如大树已截断根本,虽还有生芽、发叶、开花的现象,比起斫枝摘叶,树干光秃秃而毫无生气,恰是彻底得多。如是着重己利的小乘行者,有了这一证悟,最低的称为初果,充其量也只七番生死而已。就是到了四果,自利完成,但还有习气。有的会骂人,有的很固执,虽有这习惯所成不经意的过失,并不妨是圣人了。有的慧解脱阿罗汉(四果),没有神通;根性暗钝的,不会说法。所以从表面看来,佛教的圣者,好像比儒者所说要宽泛些,但其实是更深刻的。如是利他为重的大乘行者,不但彻证无我法性,又有广大悲愿。为了严净国土,成熟众生,长劫修行,福慧圆满而成佛,那不是儒者所可比拟的! 不再是有所不知、有所不能的圣人了。

儒者与佛教的圣人,本质上虽有不同,但约圣者的风格来说,也有近似处。如小乘是圣之清者;菩萨是圣之和者,任者;大地菩萨到佛位,"随机利见","适化无方",那当然是圣之时者了。又信愿增上的近于和,智增上的近于清,悲增上的近于任。由于根机性习不同,修学而成圣时,风格也不能一致。当然,圣之时者是最理想的！但在自我中心的凡夫，对此还是不模仿的好，因为是最容易落入模棱两可与投机的死谷。总之，儒与佛的圣者，都建立于修身——自利成就的立场。所不同的，儒者囿于人格的尽善，而佛法有进一步解开生死死生的死结而到达以无漏慧为本质的圣境。所以扼要地说，儒者是世间的，佛法是出世的（小乘），是出世而又入世，世出世间无碍的（大乘）。

四　人心与道心别说

一　序　起

　　《大禹谟》说:"人心惟危,道心惟微,惟精惟一,允执厥中。"这四句十六字,在中国固有文化中,是被称誉为道统、心传的。说到中国文化,从黄帝、尧、舜以来,经三代而凝定。这是重人事的,从人事而倾向于道("志于道")的。本于人、向于道的文化,是本着不偏不蔽的中道去实现的。人心、道心、执中,扼要地表达了中国文化的特质。这一特质,不仅是儒家的,也是道家的,说是儒、道、诸子所共同的,也没有什么不对。只是春秋以来,学术思想趋于自由,百家各有所重所偏而已。

　　有关人心、道心、执中的解说,《荀子·解蔽篇》(解蔽,就是不蔽于一边而得乎中道)是现存较古的一种。如说:"夫道者,体常而尽变,一隅不足以举之。……圣人知心术之患,见蔽塞之祸,故……兼陈万物,而中县衡焉。……何谓衡?曰:道。"这是不偏蔽于一边,而衡以中道的意思。但怎样才能体道而中衡呢?《荀子》提出了:"人何以知道?曰:心。心何以知道?曰:虚壹

而静。……虚壹而静,谓之大清明。"这是以虚(则入)、壹(则
尽)、静(则察),为治心知道的方法。其后又说:"昔者,舜之治
天下也,不以事诏而万物成。处一之危,其荣满侧;养一之微,荣
矣而未知。故道经曰:人心之危,道心之微。危微之机,惟(大
清)明君子而后能知之。"《荀子》说到了"而中县衡"、"人心"、
"道心"、"危"、"微"、"壹"、"精于道",与《大禹谟》所说,显然
有关。《大禹谟》是古典,还是"梅赜所采窜",虽然有待考证;也
许舜时还没有如此圆熟的成语。但从《荀子》看来,"人心"与
"道心"、"危"、"微"、"精"、"壹",都是古已有之,不失为中华文
化共通的特色。荀子的解说,在中国文化开展中,属于儒家,重
于人道的一流。如从中国文化共同的根源(《书》、《易》、《诗》,
都是古代传来的)而不同的开展来说,儒家以外,尽可有不同意
趣的存在。

　　《大禹谟》为儒家所传,解说也都属于儒家。早期的《孔氏
传》说:"危则难安,微则难明。故戒以精一,信执其中。"据此,
精与一,属于达成执中的方法,与《荀子》说相同。朱子以人心
为人欲,道心为天理,而执中为人欲净尽,天理流行。阳明以为,
人心与道心,只是一心,而有真心与妄心的别异;这当然也归于
尽妄存真。宋明理学——尽人欲而存天理,尽妄心而显真心,无
疑是儒者深受当时的佛教,主要是禅宗的影响。然从老、庄、佛
法、大乘正宗的空有二轮来看,应还有不同的解说。"危"是形
容人心的;"微"、"精"、"一"是形容道心的。依人心以向道心,
顺于道心,与道心相应,体见于道;体道见道而又不违(不碍)人
心,这就是允执其中。这是本于人、志于道的进展过程中,所有

恰到好处（中）的方针。孔子曾说："道之不行也，我知之矣，知者过之，愚者不及也。道之不明也，我知之矣，贤者过之，不肖者不及也。"智者与贤者，是重道的，而太过了，就会庄子那样的"蔽于天（道）而不知人"（《荀子·解蔽》）。愚者与不肖者，每每是不及，拘于人事而不知有道。太过与不及，都是偏邪而非中正的。对人心与道心，不能正处中道，正是中国圣贤所慨叹，佛教圣贤所呵责的。在这中国文化复兴的机运中，对人心与道心的中道，我愿略加论列，以祝赞中国文化、佛教文化的复兴。这不是为了立异，不是为了争是非，所以题为"别说"，聊备一解而已。

二　人心惟危

《大禹谟》的四句十六字，句读是可以这样的：

人心惟危；

道心惟微，惟精，惟一；

允执厥中。

以"危"来形容人心，以"微"、"精"、"一"来形容道心。对人心与道心——二者，应该恰当地执其中道。因为，偏蔽于道或拘执于人，都是一边，而不是中国圣贤所用的中道。

《荀子·解蔽篇》有"道人"与"不道人"，"可道之心"与"不可道之心"。依此来解说，"道心"是可道——合于道之心，也就是道人之心。"人心"是不可道——不合道之心，也就是不道人之心。这样,"人心"是一般人的心,"人同此心"的心。人欲,当然是人心,但人心并不限于人欲。如《孟子》说:"仁,人心也。""仁也者,人也。"仁——仁义礼智,正是人心的重要内容。虽然从人(心本)性的立场,古人有性善、性恶、性善恶混等异说,然从现实的人心、人类心理现象去着眼,谁也不能否认,心是有善有不善的。人人如此的人心,的确是危而难安的。为物欲所陷溺,为私见所固蔽——"作于其心,害于其事;作于其事,害于其政",那是不消说了。被称为性德的仁——仁、智、信,都不是完善的。所以孔子说:"好仁不好学,其蔽也愚。好知不好学,其蔽也荡。好信不好学,其蔽也贼。"而且,仁义的阐扬,在人类历史中,多少也有些副作用。《庄子·骈拇篇》说:"枝于仁者,擢德塞性,以收名声,使天下簧鼓以奉不及之法。"又说:"三代以下,天下何其嚣嚣也!……自虞氏招仁义以挠天下也,天下莫不奔命于仁义。"这所以老子有"大道废,有仁义"的慨叹。总之,现实的人心,是在善恶消长的过程中。不善的会招致可悲的结果,善的也并不完善,并不彻底。人心的性质如此,的确是危而难安。所以古代圣贤,总是"居安思危"、"安不忘危",而要从"修道"(修身以道)中,超越这危疑难安的困境。

三　人心惟危的辨析

人心所以危而难安,要从人心的辨析中去求了解。这在儒、道的著作中,是简略不备的。对于这,佛法有详密的说明,可以帮助了解"人心惟危"的问题所在。

　　人心(实通于一切众生心),是一般人的心理现象、心理活动。心,佛法或分别地称为"心"、"意"、"识",与《大学》所说的"知"、"意"、"心"非常类似,而内容不完全相同。依佛法,人类的心"识",能了别(认识)对象——"境";这要依于引发认识的机构——"根",才能展现出来。如依眼根,而色(形色、显色)境为眼识所了别;依耳根,而声境为耳识所了别;依鼻根,而香(臭)境为鼻识所了别;依舌根,而味境为舌识所了别;依身根,而触境为身识所了别。这五识,是属于感官的知识。眼、耳、鼻、舌、身等五根,等于现代所说的视神经……触觉神经。还有依意根,而一切法境为意识所了别。意识所了别的,极为广泛。不仅了别当前——现在的,也通于过去的及未来的。不仅了别具体的事物,也通于抽象的关系、法则、数量等。这是一般人所能自觉的,感官知识以外的认识。前五识与意识,总名为六识。意识(实在也是五识)所依的意根呢! 这可说是过去的认识活动(或称之为"过去灭意"),而实是过去认识所累积,形成潜在于内的意(或称为"诸识和合名为一意"——"现在意")。这是一般人所不易自觉的,却是一切——六识的根源。举例说(过去举波浪所依的大海水喻):六识如从山石中流出的泉水,而意根却如地下水源。地下水是一般所不见的,却是存在于地下深处的。地下水从何而来? 这是从雨水,及水流浸润而潜存于地下的。意根也是这样,源于过去的认识,过去了,消失了,却转化为潜在于内的"细意识"。在大乘佛法中,更分别为末那识与阿赖耶识。过去意识(总括六识)所转化的,统一的,微细潜在的意根,在"人心"的了解中,极为重要! "人心",不只是一般的五识与意识而已。

人心的活动，是极复杂的融和的综合活动，称为"心聚"。不论前五识、意识，或内在的微细意，都有复杂的内容。其中最一般的有三：一、"受"：这是在心境相关中，受影响而起的情感。如苦、乐、忧、喜等。苦与乐，是有关身体的，感官所直接引起的。喜与忧，是属于心理的；对感官的经验来说，是间接的。还有中庸、平和、安静的"舍受"，通于一切识。儒者所说，喜怒哀乐未发的境界，就是舍受的一类。二、"想"：这是在心境相关中，摄取境相而化为印象、概念。人类的"想"力特强，形成名言，而有明晰的思想知识。三、"思"：这是在心境相关中，应付境相所发的主动的意志作用。从生于其心，到见于其事（语言或行为），都是思的作用。这三者，在心理学上，就是情、知、意。在人心中，心的一系列活动中，也有先受（感受）、次想（认了），而后思（采取应付的方法）的显著情形。但其实，每一念心，都同时具备这三者。也就是说，这是内心不能分离的作用。所以，佛法通常以"识"为人心的主要术语，而所说的识（六识或八识），却不只是认识的。

人心，是有善有恶的，而且是生来就有善恶功能的，所以说："最初一念识，生得善，生得恶；善为无量善识本，恶为无量恶识本。"如加以分别，可以分为善、不善、无记（无记还可以分为二类），名为"三性"。不善中，以贪、嗔、痴、慢、疑、（不正）见——六类为根本。善中，以无贪（近于义）、无嗔（近于仁）、无痴（近于智）为根本。但有不能说是不善的，也不能说是善的，名为无记。无记，在佛法的解说中，是最精当的部分。善是道德的，不善是不道德的,这主要是与人伦道德有关的分类。如当前的所起一念心,没有善或不善的心理因素,也就是不能说是道德或不道德的(也就不会引起果报),那时的心——心与心所,一切都为无记的。这不但一般的六识中有,细心(属于意)识的一类中也有。而内在的微细意中,从善不善心而转化来的,虽可说是善的潜能、不善的潜能,而在微细意中,却是极其微细,难于分别,只能说是无记的。所以说到人心深处,与"善恶混"说相近。但在混杂、混融如一中,善与不善的潜能,是别别存在,而不是混滥不分的。孔子说:"性相近也,习相远也",虽说得简略,却与佛法所说相近。至于佛法所说的"心性本净",那是一切众生所同的,是不局限于人伦道德的;不是一般善心——仁义礼智的含义可比!

　　不善的心所,名为"烦恼",烦恼是烦动恼乱的意思。只要心中现起烦恼,无论是贪、是嗔……,都会使人内心热恼而不得安宁。进一步说,微细意中的微细烦恼,虽是无记性的,也有微细的热恼。如细烦恼发作起来,会使人莫名其妙的不安,引起情绪的不佳。所以危疑不安,在人心中,是极深刻的。这种微细意中的微细烦恼,是生来如此的("生得")。在前六识起粗显烦恼时,内在的细烦恼当然存在;就是善心现起,细烦恼也一样的存在,一样的影响善心。所以人类的善心、善行,被称为有漏的、杂染的,并不是纯净的完善。微细意中的烦恼,佛法类别为四大类:自我的爱染,自我的执著,自我的高慢,自我的愚痴(迷惑)。概略地说,迷惑自己,不能如实地理解自己,是我痴。从自我的迷惑中,展为我爱——生命的爱染;我见——自我(神、灵)的执见;我慢——优越感,权力意欲。在微细意中,原是极微细的,一般人所不能明察的。但在佛教的圣者,深修定慧,反观自心而体会出来。扼要地说,"人心"是以自我为中心的。自我中心的心行,就是自心不安、世间不安的因素。例如布施、持戒,或从事于救国救世界的努力,在人类的道德、政治中,不能说不是出于善的,然在自我中心中,我能布施,我能持戒,不免自以为善。这样的人,越是行善,越觉得别人悭吝、破戒,而善与不善,也就严重地对立起来。不但自己的善心、善行失去意义,而渐向于不善;对悭吝、破戒者,也失去"与人为善"的同化力量。"招仁义以挠天下",引起副作用,也就是这样。在中国的汉、宋、明代,儒学昌明而引起党争,动不动称对方为"小人";引起的恶劣结果,是怎样的使人失望! 救人、救国、救世界,在自我中心中,会发展到只有我才能救人救世;只有我这一套——主义、政策,才能救国救世界:世界陷入纠纷苦诤的悲惨局面,人心也就惶惶不可终日了!

　　人心,是情感、知识、意志的融和活动。人心的缺点、长处,都是通于这三者的。如情感的不正常;即使是正常的,受苦会使人恼乱,喜乐会使人忘形,而不知是刀头的蜜;不苦不乐的舍受,在流变过程中,不究竟,不自在,还是"行苦"。如知识,有正确也有谬误。正确是有时空局限性的,不宜固执,所以孟子说:"执中无权,犹执一也。"尤其是部分的正确,如执一概全,就陷于谬误,所以说"如盲摸象"。《荀子·解蔽篇》所说的蔽,大抵是一隅之见。意志的自我性特强,可以善可以不善,而终于不得完善。知、情、意——三者,人心每不得其正,而又互相影响:这就难怪人心的开展危而难安了！

人心，特别是人类的心，知、情、意——三者，都有高度的开展。经上说，人有三种特胜，不但胜于地狱、鬼、畜，也胜于天国的神。三特胜是：一、"梵行胜"：梵行是克己的净行，是道德的。依佛法，道德依慈悲为本，与仁为德本的意义相同。道德，是人类的特胜。一般地狱、鬼、畜（愈低级的，越是微昧不明），是生而如此，本能的爱，本能的残杀，难有道德意识的自觉。天国中也没有克己的德行，越崇高的越是没有。二、"忆念胜"：人类念力强，从长远的记忆中，累积经验，促成知识的非常发达，这是鬼、畜、天国所不及的。三、"勇猛胜"：人类为了某一目的，能忍受一切苦痛、困难，以非常的努力来达成。这在鬼、畜，与天神，是万万不及的。这三者，是人类情、知、意的特长。从好处说，这就是慈悲、智慧、勇进。《中庸》说："知、仁、勇三者，天下之达道也。"这是所以行道的三达德，与人类的三特胜相近。但依佛法说，知、仁、勇，都不就是尽善尽美的；在人心中，都不免有所蔽（参孔子所说的六言六蔽），也就都不免于危而难安的。

依佛法来说："人心惟危"，要从五识中，也要从意识中；从恶心中，还要从善心中；要从情意中，还要从知识中；不但从粗显的六识，还要在一味的、微细的无记心中，深深去彻了才得！

四　道心惟微惟精惟一

如上所说，道心是"道人"之心，"可道之心"。这不是一般，而是希贤（人），希圣（人），以"至人"、"真人"、"神人"为理想，进而实现为贤人,圣人,至人,真人,神人——合于道的心。要说明道心,先要略明道的含义。

在中国文化中,"道"是百家所重的,所以古有一切学派,同出于道家的传说。在字义中,道是道路,与梵语的"末伽"相当。道路是前进所不可不遵循的;如"行不由径",不但不能到达目的地,中途还不免遭遇危害。这种意义,被引申为人类居心、行事的轨律,如伦常之道、仁义之道、修齐治平之道;有普遍性与必然性,而为人生的常道。更引申为自然(天)——宇宙的轨律,道是宇宙的本体。到此,道就有了形而上的色彩了。在佛法中,与"法"——梵语达磨的意义相近。"法"是合理的,"非法"是不合理的,所以法是善的德行,及良善的习俗、仪则。"法"字引申为真理,"正法"、"妙法",与"实相"、"真如"的意义相通。但在"法"的实践中,圣者们所有理智一如的内容,称为"法",也就是"菩提"(觉)、"涅槃"(寂灭)。菩提是觉,但"正觉"、"无上觉",决不同于一般的知,而是真理的体现。古人译菩提为道,是不无意义的(涅槃也不是客观真理,而表示实现真理所得解脱自在的当体)。玄奘译"末伽"为"道"(老子的"道"),而不许译为"菩提",不免拘于文字了。然中国各家所说的道,内容不必尽同;与佛法的法、菩提、涅槃,当然也不相同。这里只表示在某一点上,意义有些类似而已。

在中国文化中,道有"天道"、"人道"。天道是自然的,人道是人为的。道家是重自然的,也就重于天道。《老子》说"天之道","人之道",主张法天道以明人事。庄子更重于自然,所以《荀子》说他"蔽于天而不知人"。儒家是重人事的,也就是重于人道。子贡说:"夫子之言性与天道,不可得而闻也。"孔子后人都重于人道。而在阐明其本然性,也称为天道,约人道约实践说。如《孟子》说:"诚者,天之道也;诚之者,人之道也。"(《中庸》也有此说)总之,在各家中,都接触到天道与人道,而各就所重,予以发挥。在这人心与道心的对说中,人心是人道,道心是天道。

"微"、"精"、"一"三者,本为道的形容词;由于道是微、是精、是一,道心也就是微、是精、是一了。

一、以"微"来形容道的,如《老子》说:"视之不见名曰夷,听之不闻名曰希,搏之不得名曰微。此三者,不可致诘,混而为一。……是谓无状之状,无象之象,是谓忽恍。"所说的"视之不见"、"听之不闻"、"搏之不得",在佛法中,就是眼根所不能见,耳根所不能闻,身根所不能触;是眼识到身识——前五识所不能了别的。"道心惟微",是举"微"为代表,而实赅摄"希"与"夷"。微、希、夷,只是说明"道"是超越于感官经验的。"微"是隐微,对显而说。《中庸》是重人道的,也一再说到微,如说:"鬼神之为德,其盛矣乎!视之而弗见,听之而弗闻……。夫微之显,诚之不可掩如此夫!"形容鬼神的盛德(儒家属于天,天道的德相),也说视而弗见,听而弗闻;也说到"微"。《中庸》末章,说到"知微之显",而结说为"德犹如毛,毛犹有伦。上天之载,无声无臭,至矣"!以"如毛"来形容微,而毛还不免有伦次(依佛法,还有"方"、"分")。而以上天的载运(天道),无声无臭为极则。无声无臭,就是耳所不能闻,鼻所不能嗅,也还是超越于感官经验的意思。总之,道,不但道家,在儒家天道的极则中,也达到超越感官经验的结论。

二、以"精"来形容道的，如《老子》说："道之为物，惟恍惟忽。忽兮恍，其中有象；恍兮忽，其中有物。窈兮冥，其中有精。其精甚真（龙兴碑缺此句），其中有信。"这段文中，明确地以"精"来明道。但要说明文义，先类举一些文句，再作比较的解说。《老子》曾说："无状之状，无象之象，是谓忽恍。"《易经》说："在天成象，在地成形。"《庄子》说："夫道，无形无为，有情有信。"（这一段文最近《老子》）如将其对列，应如下：

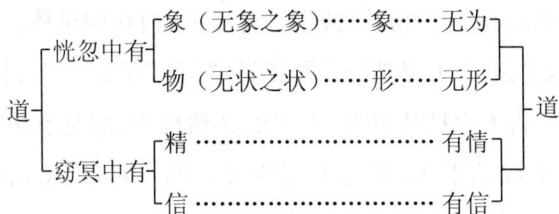

```
                   ┌ 象（无象之象）……象……无为 ┐
            ┌ 恍忽中有┤                          │
            │       └ 物（无状之状）……形……无形 │
     道 ──┤                                      ├── 道
            │       ┌ 精 …………………………… 有情 │
            └ 窈冥中有┤                          │
                   └ 信 …………………………… 有信 ┘
```

恍忽与窈冥不同：恍忽似有似无，窈冥则深不可见。《老子》说：恍忽中有象、有物，与恍忽的"无状之状，无象之象"对读，可见"状"就是"物"。《易经》说："在天成象，在地成形"，"形"与"象"相对，可见"形"、"状"、"物"，都是同义词。"物"（形、状）与"象"相对，又与有"精"有"信"相联。依此去读《庄子》，"夫道，有情有信，无形无为"。"情"与"精"通，而"为"无疑是"象"的讹写了。"形"、"状"、"物"，与"象"是相对的。在天成象，如古说"天象示变"之类。在地成形，形是有形的具体物。这二者，在物理世界中，形是有立体感的具体物；象是仅有平面感的，如镜中像，水月影。天地生人，天地代表心与物的二大性质。所以在地成形，是物质的成为形体；在天成象，是心的成为意象。也可说，五识所得的是形物；而意识所得的，如联想、推想、想像，都只是心中的意象。形与象，略与佛法中的"色"与"名"相当。

形与象，是似有似无的。《老子》从道的德相说，所以道是有（无象之）象、有（无形之）物的。《庄子》从道的体性说，所以无象（为）、无形。如对"形"、"象"而说体，"精"与"信"是窈冥而不可见的。"精"对粗说，如米的糠糩是粗，糠糩内在的白米是精。所以对表相的"形"、"象"说，精是内在的实质。《中庸》以人道说天道，称为精诚，诚也是充实的、内在的道体。又说有"信"，信是永恒的、必然的。孔子说："天何言哉！四时行焉，百物生焉！"古人大抵从自然、人事的必然性中，想见有道体为万物所以生成的根源，而为人所应遵循的。对形、象而说道为"精"：精是实体界，形象是表象界。以精形容道，道是超越于形、象的。也就是不但感官经验所不能得的（物），也是意识思惟所不能得的（象）。精是实体，是超越于心意识的。

三、以"一"来形容道的，如《老子》说"得一"——"天得一以清，地得一以宁"等。又说"混而为一"、"抱一"、"抱一以为天下式"。《庄子》传老聃："建之以常无有，主之以太一。"常无有是虚无与妙有；老子以此立说（不立二，就无从说起），而归宗太一。太一，就是大一（老子说："字之曰道，强名之曰大"），是绝对的不二。一与多相对：佛法以"二"为相待（相对）的现象，"不二"或"一真"为绝待（绝对）的真性。然在名言中，一是不离于多的；没有多，是不成其为一，不能称之为一的。所以，"一"已落于名言，落于数量。所谓才说绝待，早成相待。这所以《老子》以道为一,而又说"道生一"（一约常无说）。这里,应约"太一"说,道是绝对的,超越于数量,为先于天地万物,而天地万物从之而生的大原。

"微"、"精"、"一",《老子》从道体说。惟微、惟精、惟一,三者的句义相同,所以不宜以"微"形容道,而以"精"、"一"为契道的功夫。"道心",就是志于道、合于道的心,这不是一般人心所有的,所以对人心而说为道心了。

五　论儒与道的执中

说明人心与道心的执中,先要略说执中的意义。在中国文化的开展中,隐然的是以"允执厥中"为最高的指导精神。虽然古人或不免偏此偏彼,太过或者不及。"允执厥中",不但见于《大禹谟》,也见于《论语·尧曰》。《论语》又说:"舜其大知也与! 舜好问而察迩言,隐恶而扬善,执两端而用其中于民。"《孟子》说:"汤执中,立贤无方。""执两用中",为"中庸"（庸,就是用）的原始意义。或从用人说,或从辨察事理说,都要从相对的多方面（两端）,去求得正确的答案。孔子说:"吾有知乎哉? 无知也。有鄙夫问于我,空空如也,叩其两端而竭焉。"这是执两用中的具体说明。自己没有执见（所以汤"无方",孔子"毋意,毋必,毋固,毋我"）,就两端——不同的事理中,深彻（竭）地理解而达致结论。这真是"大知"（智）! 这必须"空空如也"的一无定执才得。这一根本方针,与佛法的"离此二边,处中说法"一样。离二边的"中法",是被称为"空相应法"的。佛法的般若——智慧学,就是深彻地阐发了这一精神。

"中庸",就是"用中"。《老子》的道,是"太一",而从"常无,欲以观其徼(虚);常有,欲以观其妙"去说明。虽然"同出而异名",而可以说:虚无是道,妙有是德;或虚无是道体,妙有是道的德用。《老子》以虚无为道,虚无就是中,所以《老子》是"用无"的,如说:"无之以为用。"又说:"道冲而用之,又弗盈,渊兮似万物之宗。""大盈若冲,其用不穷。"这是"中用"的一种说明,冲,或作盅,是中虚的意思。中与虚合一,从中虚而有用。《老子》又说:"万物负阴而抱阳,冲气以为和。"这是"中和"的一种说明。《老子》从相对关系中,悟解虚无的道用。"万物负阴而抱阳"——阴阳也只是相对的两端,深一层地悟解虚无,也就是中了。《庄子》的以无用为大用,是依此而更进一步。《老子》说:"道生一,一生二,二生三,三生万物",这与《易》的"易有太极,是生两仪,两仪生四象,四象生八卦"的说明,有着类似的倾向。"太极",就是"太一",也就是"大中"。在道——太极的开展为天地万物时,《易》是从阴阳的相对关系去说明,所以说"一阴一阳之谓道"。一切从阴阳相对的变动去看,也达到了虚无的意解,如说"变动不居,周流六虚"。一切现象,不外乎"六位"的推移,而没有实体,所以称为"六虚"。从变动的观点去看,"唯变所适";变动不居中的恰到好处,就是中,就是"二","五"。不太过,也非不及,是此地此时此事的恰到好处;人就是要这样的善用其中。《易》学近于儒,孔子的"君子而时中",正是《易》意。《老》、《易》不完全一致,但从相对关系中,理解"虚",以"用中"为原则,还是一样的。

儒者的中庸,重于人道。以《中庸》来说,中庸是修齐治平——以伦常为本的常(庸常)道,也就是最恰当的中道。从夫妇之愚,不肖,也能知能行的平常道,而引向广大精微的圣人的大道。由于重人道,所以虽结归于"上天之载,无声无臭,至矣",而直从常人的心行说起。"喜怒哀乐之未发,谓之中。""中也者,天下之大本也。"没有偏到的人心为中、为本。如依佛法说,没有喜乐忧苦时,是舍受,心地平静安宁。然在一般人,大都是无记性;在定心中,也还是有漏善性。虽应由此而阶进道心,但只是这样不通过大智的中道,是难于进入圣域。以平和安静的人心为中,也略有"虚静"的意趣。《中庸》成书的时代,与《老子》应有某种关系。

"用中",是中国文化的根本原则。而在实际的理论与事行中,能否完满地允执其中,却是另一问题。因为,在自己(当时当地的自己,下例)的立场是恰好的,而从家的立场去看,可能是偏了。在家的立场是中正的,如从国的立场说,也许又偏了。在国的立场是中正的,而从全世界、全人类的立场去看,也许又需要修正了。即使在全人类的立场是最恰当的,而从全宇宙去观察时,或又只是人类的自以为是了。所以在"用中"的原则下,中国文化,对人心与道心的是否已完满地允执其中,是应该可以考虑的。

道家意解到:自然(宇宙的)大道的惟微、惟精、惟一,是相当深刻的! 然论到人心与道心的执中,显然的大有问题。《老子》的无为化世,以虚无为中,是偏于无,偏于静的。《老子》以无为用,以柔弱胜刚强,以静制动,以屈为申,充分流露了反人为的自然精神。理想的治世,近于原始蒙昧的社会。《老子》的处世,以朴救文,以退为进,缺乏光明磊落的刚健。所以末流而重于用世的,成为权谋的一流;重于自修的,成为葆真全我的一流。末流而托于《老子》的,每不免"索隐行怪",在中国文化中,是不能不成为旁流了。《庄子》以任性为逍遥,以不齐为齐,以无用为用。分别为"人之徒"、"天之徒";以道者为"畸人"——"畸于人而侔于天",也就是不合人道而符合天道。不能执中于人心与道心,这是最为明显的立场。《庄子》曾说到,不愿用槔灌水,而宁用瓮提水。因为,"有机械者,必有机事;有机事者,必有机心。机心存于胸中,则纯白不备。……吾非不知,羞而不为也"。反对人心的机智,可说到了极点。而不知道,如没有机心、机事,又哪里会有瓮呢!《庄子》又说:"泉涸,鱼相处于陆,相呴以湿,相濡于沫,不如相忘于江湖。"这表示仁义的教化不如反朴,忘仁义而契于大道。而不知道,正由于人心惟危,人事凌夺,而不能没有仁义。正如鱼处陆地,自然会相呴相濡一样。处于这一现实,而高推畸于人的大道(如鱼在陆地,命在不久,而高谈江湖一样),对人心、道心来说,这不是执中,而是迷真背俗。"蔽于天而不知人",《荀子》的评语,最为精当!

儒者与道家相反,重人道,也就是重于"人心"。所以以"中用"为"中庸",重于伦常;"庸言之信","庸行之谨",从极平常处下手。所说"良知"、"良能",是人类本有的知能;夫妇之愚,可以与知与能,圣人也只是推而充之。以"喜怒哀乐未发"为中,是人人共有的舍受。人人所同的"人心",依佛法说是"有漏善"、"生得善"、"生得慧"。《中庸》说:"及其至也,虽圣人亦有所不知(不能)焉。"儒者所说,只是"生得"的本能的开发。"生得"有局限性的,怎么长养、扩充,也终于是"人心"而已。儒者所说的圣人,只是人伦之圣。《庄子》说:"孔子行年五十有一而不闻道",这当然不能看作信史。然说"朝闻道,夕死可矣",确实流露了瞻仰莫及的心境。传说,孔子五十学《易》。"夫子之言性与天道,不可得而闻焉。"大抵孔子专重人道,到晚年也许有所涉及,而后学都是重于人道的。所以在中国文化中,有人道、天道(自然的道,初源于天神观),知"人心"以外有"道心"。而各以为执中,却都不免"蔽于天而不知人",或"拘于人而不知道"。人心与道心,应该允执其中:应树为正鹄,而有进一步的阐扬!

六　佛法的允执其中

人心,人间,是当前的现实。无论是寄心大道、天国,或者现证涅槃,依旧在人间;佛与阿罗汉们,也还是穿衣、吃饭,生活于人间。经上说:"如来见于三界,不如三界所见。"不如所见,是超越一般的;但并非不见,不是取消了世间。所以,重道而轻视人心所实现的人事——文物、制度,是不正确的。反之,人伦常道、政治制度等,在深入哲学、宗教的领域中,是永不满足,永不彻底(这所以尽管儒家的现实,难得,而道家的思想,永远有诱惑力),显得没有永恒的着落。必须重视人心,依人心而向道心;与道心相应,体道而不违人心(回归于人生),才当得起"允执厥中"!但这是谈何容易!举例说:

　　人心所触对的,主要是感官的经验,意识也主要为"前尘影事"。人心重于感性,人是生活于感性的世界。但是,道是视之不见、听之不闻、搏之不得——超越于感性经验。感性经验中的事物,在科学、哲学、宗教中,尽管有更深的理解,而仍不能离于感性的生活。例如太阳,我们所见,是早出东方暮落西。到了科学研究,理解为太阳不动而地球在动。在哲学,或理解为相对的动静了。到了道(宗教)的体验中,或证实为什么都如如不动。然而,科学家、哲学家、宗教家,如抬起头来,看看天色(也许现在都看手上的表了),都是说:"太阳快要落山了",还是面对那个感性经验的世界。所以日常的感性经验,如何才能通入超感性的经验? 达到超感性的境地,为什么无碍于感性的经验? 在理解中,在实践中,应都有允执其中、离却二边的中道。

　　五识所了别的是物;意识所了别的是象。人类的一切知识,一切文化,都通过人心的形象而开展出来。人心是这样的形象界、名言界。可是,"道可道,非常道",强名为"道"、为"大",而实非形象名言所及的"精"。这样,人心是名言,不离名言,如何能依名言而透出名言,而得离言的现证——见道呢! 同时,现证不落于形象(名相),又怎么能即真而俗,无碍于无边事理的彻了(如量智,或名尽所有智)呢! 道家知道体无名,因而轻视知识,以古人的经传为糟粕;或者专在六经章句中论道,都是一边。佛法闻而思,思而修,与儒家的"博学"……"笃行"的方法相近。而佛法的修行,依名言而趋证离言;证离言为如理智,而如量智善达如幻名言,这才是执中呢! (佛教在中国,受道家影响,所以也有呵教劝离、偏谈自证、失佛法中道的流派。)

人心，是差别界，有善恶，有邪正。仁义等道德，是人类文化中的重要部分。虽在不同的思想中，见解不一，而离恶向善，离邪向正，始终是人类的共同理想。超凡庸而进入圣域，也是宗教界的共同希望。然而，道是"一"，在绝对真性中，这些都难以分别。不要说大道，就是在物理科学的实验室中，人类文化中的善恶、邪正，也是一无着落。反而，有善就有恶，有正就有邪；伪道学更利用仁义来为私为我，天下更纷乱了！所以《老子》说："大道废，有仁义。"《庄子·盗跖篇》更尽情地丑诋仁义。还有，道是"一"，不但是有情，是人，无情的草木土石，在绝对中也都是一样。佛说："一切法皆如也。"《庄子》说："道恶乎在？庄子曰：无所不在。东郭子曰：期而后可。庄子曰：在蝼蚁。曰：何其下邪？曰：在稊稗。曰：何其愈下邪？曰：在瓦甓。曰：何其愈甚邪？曰：在屎溺。"从宇宙的立场来说，道是超越于人道的。不过，老、庄都不免偏于天道。在佛法中，从离恶行善的进修中，证于无善无恶的法性，然在法性无差别中，却非广修众善不可，如《金刚经》说："是法平等，无有高下；以修一切善法故，得阿耨多罗三藐三菩提。"这是人心与道心的折中；这决非高谈自证，而放侈邪僻者可比。同样的，真性是无分于有情、无情，也无分于天、人、鬼、畜，而佛教为人说，人间才有佛法；唯有人才能发大菩提心（道心）：唯有人心才能通入于道心，这是怎样的允执其中。

佛法，可说一切都是中道。主自己修证，而过着集团（僧伽）的生活（这是与老庄的隐遁独善根本不同处）。真性无二无分别，而从精严（分别的）法相中去悟入。佛法为什么能真俗无碍、世出世间无碍？能处中说法而不落于两边呢？这是真正值得重视、值得研究的大问题。如从佛的证觉说,这是从"菩萨不共(世间)中道妙观"而来。从佛的说法说,这是依缘起为最高准则(缘起通于一切,为一切法的普遍法则),处于中道而说的缘故。

"人心惟危;道心惟微,惟精,惟一;允执厥中"——这种依于人而向于道的根本立场,我以为:佛法是相同的。在根本佛法,大乘空有的法轮中,才真正地、完满地显示出来!

一九六九年三月三日,脱稿于星洲般若讲堂

五　我怎样选择了佛教

在人生的旅程中,到处是黑暗的阴影,所谓"不如意事常十九"。然而黑暗不会永久,困难终要克服;我们生在人间,就不能不依此人身而进向于光明的领域。我们要保有健全而和谐的身心,有理智,有热情,充满光明的信愿,不落于空虚的失望。这对于宗教的信仰,是有必要的。缺乏宗教的热信,或非宗教者,常是自暴自弃,忧郁失望;或陷于变态的虐待狂,自杀狂,或患着严重的歇斯底里症。恶化与腐化的人生,可怕极了!特别是近代,由于人心的向外追求,内心空虚,缺乏充实的生命,道德也就越来越堕落。作为医治人心的宗教,在现代是显得尤其重要了。

说说我自己的信教经过吧!我在民国七年,开始了宗教的追求。末了,我选择佛教,并进一步地出了家。我怎样的选择了佛教呢?说来是有点不可思议的。我生长于农村,为了经济,早就失了学。我学习中医,"医道通仙"四字,引发我对于仙道的仰慕。《神农本草》与《雷公炮制》,说到某药可以延年,某药可以长生,特别是奇经八脉的任督二脉对于长生的重要性。仙道教的信仰激发后,读过了《抱朴子》、《吕祖全书》、《黄庭经》、《性命圭旨》、《慧命经》、《仙术秘库》——这一类仙经;而且旁求神奇秘术,如奇门、符咒之类。我进过同善社,也学过灵子术与催眠术。那时候,我虽沉浸于巫术化的神道教,着重于个体的长生与神秘现象,然对于我——目光的扩大,真理的追求,还是有着良好的影响。

我对于神道教的仰信,暗中摸索了两三年,终于为父亲发觉了。当然是不赞成我这样做的,要我出去教书。我受了师友的启发,开始研究老、庄,同时阅览一些近代书物,我的宗教观开始变了。老、庄与道教的修炼,不能说没有关系的。老、庄的哲理非常深彻,然而反造作的回复自然,返归于朴的理想,始终是不可能的。熟练人情的处世哲学,说来入情入理,而不免缺乏强毅直往的精神。独善的隐遁生活,对社会不能给予积极的利益。虽然老、庄的思想为我进入佛法的助缘;而道家的哲理,道教修身的方法,也获得我部分的同情,然我不再做道教的信徒,从仙道的美梦中苏醒过来。

道教的信念动摇了,我虽不曾弃绝它,而又彷徨地追求,回复到读过的儒书。这与道家的充满隐遁色彩,个人主义的宗教,大大相反。儒家有一番身心的修养功夫,更有一番政治的大理想。平常、切实、重人事、尊理性,确为我国文化的主流。然而我尽管同情它,赞美它,却不能充实我空虚与彷徨的内心。别人觉得我更实际,而我却自觉得更空虚了!到现在想来,这不外别的,儒家虽不是没有宗教的因素,而并不重视宗教。平常的,现实的,就此一生而止于立德立功立言的,这对于一般人,不能织成一幅庄严灿烂的光明图案,缺乏鼓舞摄引力,不易使一般人心安理得(得失不变,苦乐不变,死生不变),而迈向光明的前途。

这样的出入老、庄、孔、孟，有四五年之久。

在空虚彷徨中，经朋友介绍，接触到基督教，并且发生了浓厚的兴趣。这是富有社会性的宗教。从基督教中，我体会得敬虔而纯洁的信心对于宗教的真正意义。有信有望有爱的基督教，有着儒、道所不曾有的东西。我研读《新旧约》，阅览《真光》、《灵光》、《基督徒》等杂志；我实行祷告，参加过奋兴会，然而我终于不能成一基督徒。外缘是，那时掀起反基督教运动，虽无关于基督教义自身，而基督教会凭借国际背景，不免有文化侵略的罪嫌。主因是，某种思想的难以接受。如信者永生，不信者永火。不以人类的行为（内心与外行）为尺度，而但以信我不信我为标准。"顺我者生，逆我者亡"，有强烈的独占的排他性；除属于己方以外，一切都要毁灭。阶级爱的底里，显露出残酷的仇恨。又如灵是神那里来的，从神而来的灵，经肉的结合而成人。照基督教义（重生才能得救）看来，走向地狱是大多数。全知全能的神，欢喜被称为自己儿女的人类如此，这可说是莫测高深，也可说岂有此理！我不能信赖神是慈悲的，所以也不信耶稣可以为我赎罪。

不到两年，从基督教而来的短暂光明，迅速消失。空虚而茫无着落的内心，又如狂涛中的小舟一样，情绪低落，时时烦躁不安。闷得慌，以乱读书为消遣。偶读到冯梦祯的《庄子序》说："然则庄文郭注，其佛法之先驱耶！"我心里一动，开始向佛法去探讨。可是佛法难闻，经典难得。我出入寺院，东寻西找，总算读到了《龙舒净土文》、《金刚经石注》、《人天眼目》、《传灯录》、《法华经》、《华严经疏钞纂要》残本、《中论》。初学而读这样深的教典,当然是不懂的。可是,因为不懂,使我向往;不知什么力量,鼓舞我耐心地读着。我活像小孩,见大人的作为,一切不懂而一切都感兴趣。又像处身于非常富裕的环境,看不了,听不了,吃喝不了。我在半懂不懂之间,感觉佛法的无边深广。

后来读到太虚大师的《居家士女学佛程序》,才从浅处学起,读了一些门径书,又读了一分属于三论、唯识的大乘经论。虽还不大明了,而佛法成为我的光明理念,信心不断增长。我相信,三世因果观,最为入情入理。由此而离恶向善,由此而转凡成圣。即使不曾解脱,或者堕落,而终于要向上升进,终于要究竟解脱的。这不但有着究竟绝对的归宿,而在过程中也是"山穷水尽疑无路,柳暗花明又一村",鼓舞我们,安慰我们,引导我们;使我们通过这永不失望的旅程。我觉得,佛法是以行为善恶为凡圣的尺度,而不光凭信愿。佛法重个己的解脱,而更重利益众生。佛法重于彻底的觉悟,唯有真的觉悟,才有真的自由。佛法是信愿、智慧、慈悲的总和。佛法的身心修持,有儒道的长处,更超过多多。耶教诚信的悔改,佛法中也有。佛法有一切宗教的长处;有究竟,又有方便,最能适应一切根机,循循善诱。

我选择了佛教,为我苦难中的安慰,黑暗时的明灯。可惜我的根性太钝,赞仰菩萨常道,不曾能急于求证。然而从此以来,我过着平淡安定的生活,不知别的,只是照着我所选择的,坦然直进。民国十七年,母亲去世了。十八年,父亲又去世。该是我出家的因缘熟了!于家庭再没有什么顾恋,十九年夏天,发心出离了家。让我的身心,融化于三宝之中,为这样最高的宗教而努力。